Juan Ruiz de Alarcón

El Anticristo

Barcelona **2024**
Linkgua-ediciones.com

Créditos

Título original: El anticristo.

© 2024, Red ediciones S.L.

e-mail: info@linkgua.com

Diseño de cubierta: Michel Mallard.

ISBN tapa dura: 978-84-9953-939-3.
ISBN rústica: 978-84-9816-867-9.
ISBN ebook: 978-84-9897-921-3.

Cualquier forma de reproducción, distribución, comunicación pública o transformación de esta obra solo puede ser realizada con la autorización de sus titulares, salvo excepción prevista por la ley. Diríjase a CEDRO (Centro Español de Derechos Reprográficos, www.cedro.org) si necesita fotocopiar o escanear algún fragmento de esta obra.

Sumario

Créditos _____ **4**

Brevísima presentación _____ **7**
   La vida _____ 7

Personajes _____ **8**

Jornada primera _____ **9**

Jornada segunda _____ **41**

Jornada tercera _____ **71**

Libros a la carta _____ **109**

Brevísima presentación

La vida
Juan Ruiz de Alarcón y Mendoza (1581-1639). México.
Nació en México y vivió gran parte de su vida en España. Era hijo de Pedro Ruiz de Alarcón y Leonor de Mendoza, ambos con antepasados de la nobleza. Estudió abogacía en la Real y Pontificia Universidad de la Ciudad de México y a comienzos del siglo XVII viajó a España donde obtuvo el título de bachiller de cánones en la Universidad de Salamanca. Ejerció como abogado en Sevilla (1606) y regresó a México a terminar sus estudios de leyes en 1608.
En 1614 volvió otra vez a España y trabajó como relator del Consejo de Indias. Era deforme (jorobado de pecho y espalda) por lo que fue objeto de numerosas burlas de escritores contemporáneos como Francisco de Quevedo, que lo llamaba «corcovilla», Félix Lope de Vega y Pedro Calderón de la Barca.

Personajes

Balan, judío, pastor gracioso
Cristianos I y II
El Anticristo
El Patriarca, judío viejo
Elías falso, viejo
Elías, profeta verdadero, viejo
Eliazar, judío viejo
Gente
Judíos
Judíos I, II y III
La Madre del Anticristo
Música
Sofía, dama cristiana
Un Ángel
Un Caminante, judío
Un Cristiano
Un Gentil
Un Hermano de Sofía, cristiano
Un Moro
Una Egitana, dama
Una Etiopisa, dama
Una Judía
Una Líbica, dama

Jornada primera

(Tocan Cajas y salen Elías falso, viejo; judíos I, II y III y otros soldados bandoleros.)

Judío I Capitán, ¿dónde nos llevas
por estos campos desiertos?
Siendo robar nuestro oficio,
¿qué pretendes en un yermo,
de peñas fuerte provincia,   5
de fieras fecundo reino,
tanto de tesoros pobre
como avaro de sustento?

Elías falso Misterios son celestiales,
valerosos galileos   10
los que mis plantas conducen
por estos incultos cerros.
Esta noche, cuando al alba
el matutino lucero
anunciaba, cuando son   15
más verdaderos los sueños.
Fobétor, pálido hermano
de Fantases y Morfeo,
de córnea puerta a mis ojos
visión, que es cierta, ha propuesto.   20
Vi salir del mar hinchado
una bestia, cuyo aspecto
daba terror a la tierra,
guerra amenazaba al cielo.
Era admirable de horrible,   25
sin semejanza ni ejemplo
de cuantas fieras y monstruos
han dado nombre a los tiempos.

Corvas uñas le formaba
y agudos dientes el hierro   30
con que deshace coronas,
pisa y despedaza cetros.
Su portentosa cabeza
era armada de diez cuernos,
cuyas puntas amenazan   35
diez diferentes imperios.
A la Asiria babilonea
llegó el decacorno horrendo,
y allí, en medio de los diez,
otro germinó pequeño.   40
Éste ilustraban dos ojos
como de hombre, y en acento
humano hablaba una boca
en él horribles misterios.
Luego le vi, transformado   45
en un bello infante tierno,
al terrenal paraíso
trasladarse con secreto.
Allí de espíritus puros
fue educado, y le dio el leño   50
de la vida inmortal vida
y profundas ciencias ellos.
Súbitamente creció
a hermoso y fuerte mancebo,
y a su rostro, de los diez   55
se ocultaron los tres cuernos,
y los siete que restaban
a su grandeza sujetos,
se humillaron a su nombre
y a su voz se estremecieron.   60
Postreme a la majestad
de su venerable aspecto,

y él, admitiéndome humano,
así me dijo, severo:
Yo soy el rey; yo, el Mesías 65
prometido a los hebreos;
reinaré en Jerusalén,
reedificaré su templo;
Betsaida y Corozain,
ciudades bellas un tiempo 70
y ahora apenas humildes
reliquias de lo que fueron,
en sus desiertos me albergan;
Elías, búscame en ellos
al instante que a la vida 75
te restituyas del sueño,
y para que se acredite
esta visión en tu pecho
te imprimo mi carácter
en la diestra con mi sello. 80
Dijo, y en oscura sombra
se resolvió, y yo al momento
desperté, y en esta palma
hallé el carácter impreso.

(Muestra en la palma de la mano derecha esta señal: P.)

Miradle, y veréis en él 85
de tan notables portentos
las infalibles señales,
los indicios verdaderos.
Marchemos, pues, presurosos
adonde ha querido el cielo 90
dar efecto a sus promesas
y cumplir sus juramentos
dando al suelo su Mesías,

	libertad a los hebreos, su rey a Jerusalén y redentor a su pueblo.	95
Judío I	Capitán famoso, guía: No busques a esos portentos más crédito del que tú les has dado con creerlos.	100
Elías falso	Vamos, pues.	
Judío II	Allí un pastor de ovejas guarda un apero.	
Elías falso	Será estrella que nos guíe en el mar de estos desiertos.	

(Tocando cajas se van. Salen el Anticristo, vestido de hierba, y su Madre, de pieles.)

Madre del Anticristo	Hijo de maldición, ¿ya qué afrentoso título habrá que a tu maldad no cuadre? ¿No te bastó ser parto incestuoso del que, siendo tu abuelo, fue tu padre, con que, lascivo ahora, en amoroso lazo te unieses a tu misma madre? Mas al tribu de Dan, que Dios maldijo, y a padre tal, correspondió tal hijo.	105 110
Anticristo	¿Qué dices, madre? Vuelve a pronunciallo. ¿Yo del tribu de Dan? ¿Yo de mi abuelo hijo soy?	
Madre del Anticristo	¿Qué te admiras de escuchallo?	115

Tu inclinación, opuesta al mismo cielo,
¿no te declara bien, si yo lo callo,
que dio nefanda unión tal monstruo al suelo?
Mas tu origen escucha, pues me obliga
tu delito y mi pena a que lo diga: 120
Mancer hebreo, dogmatista injusto,
en Babilonia oscuro descendiente
de Dan, movido de venéreo gusto,
en su hermana Sabá, de Oreb, ausente,
virgen esposa, con rigor robusto 125
logró violento su apetito ardiente,
cometiendo en un acto deshonesto
fuerza, adulterio, estupro y torpe incesto.
Yo, desdichada, de este grave exceso
concepto fuí; ipluguiera al cielo santo 130
que el informe embrión, fatal suceso,
al reino trasladara del espanto,
antes que organizado el mortal peso
del alma se informara para tanto
escándalo del mundo, pues naciendo 135
di ocasión a delito más horrendo!
Crecí, y el lustro apenas vio tercero
la verde primavera de mis años,
cuando el mismo Mancer, sensual y fiero,
posponiendo los suyos y mis daños 140
en mi amor abrasado, contra el fuero
de padre natural fabrica engaños
con que no pueda justa resistencia
librarme de su bárbara violencia.
Solo se encierra el agresor lascivo 145
y dogmatista infiel conmigo un día,
y cuando justamente yo concibo
que a religiosa acción me prevenía
el que debiera serme ejemplo vivo,

de pura honestidad, la hipocresía 150
desnudó, y las divinas leyes, junto
con mi virginidad, violó en un punto:
tú fuiste de tu abuelo padre y tío,
abominable incestuoso efeto;
en mi vientre creció el agravio mío 155
a publicar por fuerza mi secreto,
y en el parto infeliz el hecho impío
le confesé a mi madre, a quien Aleto,
Tisífone y Megera, ardientes furias,
a vengar provocaron sus injurias. 160
Del execrado insulto dio noticia
tu abuela y tía al patriarca hebreo;
admírase el delito, y la malicia
misma se ofende de un error tan feo;
no alcanza en sus arbitrios la justicia 165
igual castigo a tan nefando reo,
y queda al fin, muriendo apedreado,
sediento de más pena su pecado.
Yo, que en el parto, peligroso y fuerte,
tuve opuesta a Lucina, previniendo 170
por dicha sabia astróloga la suerte
que daba a luz un monstruo tan horrendo,
el golpe evité apenas de la muerte,
del trance apenas escapé tremendo
cuando, rendida al sueño (¡que pluguiera 175
al cielo santo que el eterno fuera!),
soñé que en cambio de pequeño infante
breve centella al mundo producía,
que dilatada en términos distantes,
voraz incendio al cielo se atrevía, 180
y veloz precipicio, en un instante
faetón segundo, al suelo descendía,
llenando, si de llamas, de escarmientos,

cuanta ocupan región los elementos.
Sacra deidad en esto me aparece,   185
oculta en su luz misma, y: «¡Crece, dijo,
prodigioso, feliz infante, crece
a dilatar el término prolijo
del Aquilón el cetro que te ofrece;
y tú, dichosa madre de tal hijo,   190
de Babilonia sal, y en Galilea,
asilo de los dos el yermo sea!».
Aquí cesó, y la noche en su confuso
silencio la escondió; y restituyendo
a mis sentidos la razón el uso,   195
escuché de mi padre el fin horrendo.
Y así, obediente yo a lo que dispuso
la deidad, de mi patria vine huyendo
aquí, donde Betzaida un tiempo ha sido
donde Corozain tuvo su nido;   200
aquí empecé a educarte, y aquí el hado
te anticipó en un término sucinto,
en estación pueril, cuerpo esforzado
y en tierna infancia racional instinto,
pues apenas hubiste saludado   205
en el trópico Sol el curso quinto,
cuando tu brazo persiguió las fieras,
cuando voló tu ingenio a las esferas;
yo, que advertí, curiosa, a tus intentos
perversa inclinación en tus acciones,   210
por excitarte honrosos pensamientos
y por templarte locas presunciones
te propuse en historias escarmientos,
te previne en engaños persuasiones,
mintiéndote que clara descendía   215
del tribu de Judá la sangre mía.
Mas, pues fue mi cuidado tan perdido

en tu proterva y dura resistencia,
que habiéndote en mil ciencias instruido
no sé cuál soberana inteligencia, 220
no solo no te enmiendas; pero ha sido
para que con más furia y más violencia
corras a los delitos más atroces,
y, en torpe incesto, de tu madre goces.
¡Plega al Dios de Israel, vestigio fiero, 225
que en tu ciega maldad te precipites,
y dando efecto a mi soñado agüero,
tanto los cielos en tu daño irrites,
que, pues soberbio imitas al lucero,
despeñado Luzbel, también lo imites 230
dando en abismos de tormento eterno
compasión y terror al mismo infierno!

Anticristo Di más, repite, multiplica, aumenta
odios, injurias, iras, maldiciones;
que deleitosamente se apacienta 235
mi obstinación en tus execraciones;
lo justo solo aflige y atormenta
mis pensamientos, mis inclinaciones,
porque no solo de pecar me agrado,
más me agrado también de haber pecado. 240
Si tan malo nací, si tan nocivo
genio asistió a mi concepción primera,
a ti te culpa; culpa al hado esquivo
que me informó de condición tan fiera:
de ti nací, por culpa tuya vivo; 245
acusa a tu descuido que debiera
a un hijo de tan torpe ayuntamiento
fabricar en la cuna el monumento.
Mas ya que la malicia de la suerte
e indignación del cielo me ha estorbado, 250

para nefanda vida justa muerte,
librando tu suplicio en mi pecado,
la información postrera intento hacerte
de la dura ocasión que me ha obligado
al execrado exceso en que contigo   255
ejecuté mi gusto y tu castigo.
Esa oculta divina inteligencia
que de mi infausto nacimiento el día
te presentó en fantástica apariencia
centella en mí que incendios producía,   260
esa misma que en una y otra ciencia
ha informado de suerte el alma mía,
que excediendo los límites humanos
me atrevo a los secretos soberanos,
esa misma me ha dado tanto imperio   265
en cuanto el padre Faetón circunda
del más alto de luces hemisferio
a la región de sombras más profunda,
que del poder de Dios en vituperio
produce Telus y Neptuno inunda,   270
Vulcano da calor y aliento Eolo
al albedrío de mi gusto solo.
Lucifer o Plutón el cetro horrible
ha renunciado en mí del hondo infierno,
tanto que no hay espíritu invisible   275
que al suyo no anteponga mi gobierno;
no hay cosa a mis intentos imposible;
émulo soy de aquel poder eterno
que a conocer me obliga la justicia,
si no a reconocerle la malicia.   280
Con éste, pues, de fuerzas más que humanas,
y más que humanas ciencias fundamento,
se eleva mi obstinado pensamiento.
En falsas leyes y opiniones vanas

anegaré la tierra, el mar y el viento, 285
intimando que yo soy el Mesías
que prometieron tantas profecías.
Bien sé que no lo soy; bien que lo ha sido
Jesús, que es hombre y Dios; mas yo, que al
suelo
por tipo, cifra, epílogo he nacido 290
de la maldad mayor que ofendió al cielo,
para serlo es forzoso haber sabido
esta verdad; pues si el confuso velo
de la ignorancia me opusiese a ella,
fuera yo menos malo en ofendella. 295
Pues como a ejecutar tan alto intento,
acreditar me importa que me ha dado
de Judá el tribu claro nacimiento,
según fue por Jacob profetizado,
quiero matar contigo el argumento 300
de la sangre de Dan que en ti he heredado,
porque no deje mi rigor prescrito
de cometer también este delito.
Resuelto al parricidio detestable,
por ser a Jesucristo todo opuesto, 305
te quise hacer del todo abominable,
cometiendo contigo torpe incesto;
que fue su madre Virgen inviolable
después y antes del parto, y yo con esto
incestuosa madre vine a hacerte 310
en la cuna, en el parto y en la muerte.
Éste es mi fin, éste mi intento ha sido,
y Elías ya, caudillo y galileo,
de soñadas visiones conducido,
se acerca a dar principio a mi deseo, 315
porque a su lengua por mi imperio ha sido
un espíritu impuro del Leteo,

        dará a entender que es el profeta Elías
        precursor destinado del Mesías.
        Y para acreditar que es mi venida   320
        del paraíso, en que mi engaño fundo
        cual ves, de hierba me adorné, tejida;
        que así al principio me ha de ver el mundo.
        La línea ya a tu edad estatuida
        llegó; parte a las ondas del profundo;   325
        de mis crueldades víctima primera,
        quien tal hijo parió, a sus manos muera.

(Mátala y échala en una sima.)

Madre del Anticristo   ¡Ay de mí y ay de ti!

Anticristo   Tu sima oscura,
        en quien este cadáver deposito,
        guarda en tu investigable sepultura   330
        mi origen siempre oculto y mi delito,
        que simulada luz de virtud pura
        desde este punto ostento y acredito,
        porque dé la engañosa hipocresía
        principio a mi tirana monarquía.   335

(Vase. Salen Elías falso y los demás judíos y Balan.)

Balan   Esta es, conforme las señas
        que me dais, la tierra, hebreos,
        que buscan vuestros deseos.
        Término son estas peñas
        que con el cielo compiten   340
        de las dos ciudades bellas
        a quien del tiempo las huellas
        aún reliquias no permiten.

	Esas aguas cristalinas	
	que veis de la sierra al fin,	345
	bañan de Corozain	
	las ya invisibles ruinas;	
	y esas, que muestra el bermejo	
	terreno hacia el aquilón,	
	llanto de Betzaida son,	350
	si otra edad fueron espejo.	
Elías falso	Ésta es la misma región,	
	este valle, el monte, el prado,	
	que en el sueño me ha enseñado	

(Aparece el Anticristo en lo alto, los ojos en el cielo y una bandera roja en la mano, con esta señal negra en ella: P.)

	la soberana visión.	355
	Aquí el sagrado Mesías	
	ha de estar... Mas, galileos,	
	ya el cielo a nuestros deseos	
	les cumplió las profecías.	
	Veis allí suspenso al viento	360
	el Redentor prometido.	
Judío I	Las mismas señales muestra	
	de tu soñada visión.	
Judío II	Y el carácter que el guión	
	enseña en la mano diestra,	365
	es el que en la tuya vemos.	
Judío III	El aire pisa eminente,	
	con milagro tan patente,	
	¿qué más probanza queremos?	

(Arrodíllanse.)

Elías falso	Salve, Josué divino, que, del Jordán las aguas divididas, das seguro camino a tantas libertades oprimidas.	370
Judío I	Salve, nuevo Josef.	
Judío II	Isaac...	
Judío III	Elías...	
Elías falso	Salve, David...	
Judío I	Profeta...	
Judío II	Rey...	
Judío III	Mesías...	375

(Baja por tramoya.)

Anticristo   Vuestras voces, que volaron,
             hebreos, a mis oídos,
             a revocar mis sentidos,
             del seno de Dios bastaron.
             Absorto miraba en él   380
             los archivos del misterio
             con que por mí al cautiverio
             quiere dar fin Israel.
             Yo soy la misma visión
             que dio a tu vista y oído   385

libre y despierto sentido
en somnolenta prisión.
¡Oh, capitán valeroso!
Yo, el mismo que te mandé
buscarme; yo, el que estampé 390
el carácter misterioso
que en este guión demuestro
en tu mano; que has de ser
de mi venida y poder
voz, precursor y maestro. 395
Tu nombre lo significa;
que desde tu concepción
la divina prevención
a esta empresa te dedica.
Parte a Babilonia, pues, 400
y en ella intrépidamente
publica de gente en gente.
De allí la potencia mía,
que allí le dispone el cielo
la infancia a mi monarquía. 405
De allí la potencia mía
propagada a todo el suelo,
vencerá cuantos estima
soberbios reyes del mundo,
desde el centro más profundo 410
al más elevado clima;
que la bestia que has soñado
que salió del hondo abismo
es símbolo, es iconismo
deste siglo y deste estado. 415
De miembros la variedad
figura diversas leyes;
y los diez cuernos, diez reyes,
que imperan en esta edad;

	y el que empezando a nacer	420
	tres de ellos aniquiló,	
	soy yo; que a tres reyes yo	
	he de quitar el poder;	
	siendo mi fama veloz	
	tan espantosa a los siete,	425
	que a mi imperio los sujete	
	solo el eco de mi voz.	
Elías falso	De maravilla tan alta	
	soy testigo, y valor tengo	
	con que a morir me prevengo;	430
	pero ¿cómo, si me falta	
	fuerza para defendella,	
	ciencia para acreditalla,	
	me envías a predicalla,	
	por precursor tuyo y della?	435
Anticristo	No temas; en mí confía;	
	que para tu justa hazaña	
	espíritu te acompaña,	
	sabio patrono te guía,	
	que de infusa enciclopedia	440
	te dotará, y elocuentes	
	tus labios, los diferentes	
	idiomas de Asiria y Media	
	sabrán, y cuantos Babel	
	vio en su ciega confusión.	445
(Dale la bandera.)	Lleva este santo pendón,	
	y cuantos debajo de él	
	se alisten, sella la diestra	
	esta cifrada señal,	
	que mi blasón celestial,	450
	que es Cristo, en sus notas muestra.	

       Parte ya, sonante trompa
       de mi verdad y mi voz;
       y en virtud mía, veloz
       tu cuerpo los aires rompa.   455

Elías falso   Ya crecen las fuerzas mías,
       y ya en divinos alientos
       mi voz sonará a los vientos.

(Baja una nube de campana y cógele dentro y llévalo a lo alto.)

       ¡Hombres, Ya vino el Mesías!

(Vase.)

Balan   ¿Quién hay que no se alborote   460
       con lo que está sucediendo?
       ¡Voto a mí, que va rompiendo
       el aire como un virote!

Judío I   ¡Gracias a Dios que este día
       vio ya el pueblo de Israel!   465

Balan   Señor, en efecto, ¿es él
       el verdadero Mejía?

Anticristo   Sí, Balan.

Balan   ¿Mi nombre sabe?

Judío I   El demonio se lo dijo.

Anticristo   ¿Dúdaslo?

Balan	Ya yo colijo	470

                   que en quien tanto poder cabe
                   que endevina el pensamiento
                   y sin conocerme el nombre
                   me sabe y arroja un hombre
                   como bala por el viento,   475
                   es el divino Mejía,
                   prometido al pueblo hebreo.

Anticristo   ¿Créeslo así?

Balan   Así lo creo.

Anticristo   Pues con esta empresa mía
                   que en la mano te retrato,   480
                   quedas por mío.

(Pega la palma de la mano derecha con la de Balan, y él muestra en ella esta señal: P.)

Balan   ¿Qué es esto?
                   Voto a Moisén, que me ha puesto
                   en la mano un garabato
                   que borrallo es por demás!

Anticristo   Pues tan constante ha de ser   485
                   como en ella el caractér
                   que en ti la fe que me das.
                   Parte, y entre los pastores
                   de tu comarca pregona
                   lo que has visto en mi persona,   490
                   y si gozar mis favores
                   pretendieres, me hallarás
                   en Babilonia.

Balan	¿Un pastor	
	haces tu predicador?	
	Pero dime, ¿cómo estás	495
	si de Mejía te dan	
	el nombre, de árbol vestido?	
	Que a mí más me has parecido	
	un figurón de arrayán	
	de algún jardín.	
Anticristo	Hasta aquí	500
	en el paraíso he estado,	
	y el mismo traje he tomado	
	del lugar en que viví.	
	Vosotros, venid conmigo,	
	y ya desde hoy renunciad	505
	el delito y la impiedad.	
	Seguid la senda que sigo	
	de los justos, porque aquí	
	para dar colmado empleo	
	a cuanto os pida el deseo,	510
	os basta seguirme a mí.	
	Daré al lascivo bellezas,	
	manjares daré al glotón,	
	al ambicioso, opinión	
	al codicioso, riquezas.	515
	Justicia haré al ofendido,	
	al triste consolaré,	
	al doliente sanaré,	
	levantaré al abatido,	
	que yo vengo a hacer dichosa	520
	la familia de Israel,	
	y el cautiverio cruel	
	lo cambiaré de tal suerte,	

	que vuelto ya en cielo el suelo
	solo dé ventaja al cielo 525
	en la excepción de la muerte.

(Vase.)

Balan	Manjares daré al glotón
	Esta partida me toca;
	albricias, tripas y boca,
	no me ha de quedar capón, 530
	si no canta, que al profundo
	no emboque por la garganta,
	porque un capón que no canta,
	¿de qué sirve en este mundo?

(Vase. Salen Sofía, con manto y su Hermano.)

Hermano de Sofía	De prodigiosos portentos 535
	está turbada la tierra
	de Asiria, y ahora al fin,
	ese crinado cometa
	que, acompañando al lucero
	en el Oriente se muestra, 540
	y en su elevación mayor
	discurriendo las esferas,
	mira en opuesto cenit
	la Babilonia caldea,
	denota horribles sucesos. 545

Sofía	Y es lo bueno que hacen
	de salir a verle al campo.

Hermano de Sofía	No es costumbre al mundo nueva
	por esta puerta que el alba

	mira derramando perlas	550
	a verle sale la gente;	
	ya su concurso comienza.	
	Alégrate, hermana mía,	
	pues solo porque diviertas	
	tus tristezas, te he traído	555
	y el Eufrates en sus hierbas	
	te ofrece alfombras, Sofía,	
	porque descanses en ellas.	
Sofía	¿Cómo podré descansar	
	en medio de tantas penas,	560
	cuando tan grandes prodigios	
	amenazan a la Iglesia?	
	Poderoso sois, mi Dios;	
	volved por vos, que la tierra	
	otra vez os crucifica	565
	y os previene injurias nuevas.	

(Salen los judíos I y II.)

Judío I	Los astrólogos, ¿qué han dicho,	
	Tobías, deste cometa?	
Judío II	Mudanzas de monarquías	
	por él y por las estrellas	570
	pronostican, mas yo pienso	
	que la venida nos muestra	
	del Mesías.	
Moro (Saliendo.)	Enojado,	
	sin duda, está con la tierra	
	Mahoma, pues con portentos	575
	nos aflige y amedrenta.	

Gentil (Saliendo.)	¡Ah, Júpiter soberano!
	Si te ofenden los que niegan
	tu deidad, en ellos solos
	muestren tus rayos sus fuerzas. 580
Sofía	¡Ay de mí!

(Alborótase.)

Hermano de Sofía	¿Qué es esto, hermana?
Sofía	¿No miráis una culebra
	en el camino? ¿No veis
	una ceraste en la senda 585
	que el pie le muerde a un caballo,
	que un hombre en su espalda lleva,
	a quien ciñe una corona
	de diez puntas la cabeza?
Hermano de Sofía (Aparte.)	Sin duda ha perdido el seso. 590
Sofía	Hombre, rey, monarca, césar,
	tente bien.
Hermano de Sofía	¡Qué gran desdicha!
Sofía	¡Qué miserable tragedia!
	Por las ancas del caballo,
	de espaldas, ha dado en tierra. 595

(Sale Elías falso, en el aire, con el guión en la mano.)

Elías falso   Babilonia, Babilonia,
cumplió el cielo sus promesas,
ya el soberano Mesías
pisa la dichosa tierra.
Ya del tribu de Judá   600
la sagrada descendencia
dio monarca redentor
a la oprimida Judea.
Ese que al Oriente nace,
radiante y claro cometa,   605
estrella pronosticada
por la sibila Cumea,
dice en su luz su verdad
y en sus rayos, que diversa,
regiones del orbe miran,   610
testifica su potencia.
Yo, soy el profeta Elías,
que para el lucero della
en el paraíso ha tanto
que Dios de morir reserva.   615
Yo le vi con estos ojos,
yo, con estas manos mesmas,
le toqué; yo, precursor
de su inefable grandeza,
de sus milagros os hago   620
testimonio, pues no llega
mi mayor admiración
a su menor excelencia.
Hombres, hombres, ¿qué aguardáis?
Prevenid, que ya se acerca   625
sobre las nubes del cielo
el Mesías a la tierra,
los oídos a su voz,
los pechos a su obediencia,

	los caminos a sus pies,	630
	la corona a su cabeza.	

(Desaparece por el aire.)

Sofía Mientes, infernal serpiente.

Judío Divino aliento, profeta
soberano, ¿adónde vas?

(Vase.)

Moro ¿Por qué huyes? Vuelve, espera.   635

(Vase.)

Judío Todo es horrores el cielo.

(Vase.)

Gentil Toda es asombros la tierra.

(Vase.)

Sofía Aguarda, espíritu falso,
que del imperio de penas
vienes a turbar el mundo   640
con tan espantosas nuevas.
No huyas, vuelve, cobarde,
ven, que una mujer te espera
para probarte que mientes
y miente esa horrible bestia   645
que del abismo profundo
sale a contrastar la iglesia.

	Mas yo, que soy el soldado	
	más humilde que en defensa	
	del crucífero estandarte	650
	ofrece el pecho a la guerra,	
	he de vencerle y poner	
	el pie sobre su cabeza.	

Hermano de Sofía
(Aparte.)   Sagrado aliento la inspira
                           y mi fe por tales muestras,   655
                           la que por loca lloraba,
                           por profetisa venera.

(Vanse. Salen el Patriarca, judío viejo, y los judíos I, II y III.)

Patriarca   ¿Cómo es posible, si está
                           escrito en las profecías
                           que ha de venir el Mesías   660
                           de los reyes de Judá:
                           y en Babilonia poseo
                           yo, por derecho heredado
                           deste tribu el principado
                           del pueblo de Dios hebreo;   665
                           y hasta ahora no he tenido
                           más de una hija, que en flor
                           fue despojo del rigor
                           de la muerte, haber venido
                           el prometido Mesías?   670
                           Ilusión ha sido, hebreos,
                           que acreditan los deseos.
                           Engañosas fantasías.

Elías falso (Saliendo.)   Patriarca babilonio,
                           ¿por qué con dudas ofendes   675

los misterios que no entiendes,
si el más claro testimonio
de la verdad que sustento
es no ser comprehendida
su soberana venida   680
del humano entendimiento?
¿Ha de nacer el Mesías,
según orden natural?
Del redentor celestial,
del Hijo de Dios, ¿querías   685
que los misterios arcanos
que muestran su potestad
la corta capacidad
de los discursos humanos
comprehenda? Siendo todo   690
milagro de su poder,
pues lo es tan grande el nacer,
¿por qué no ha de serlo el modo?
Si lo impugnas, porque él
ha de trasladar tu muerte   695
el cetro judaico, advierte
que en vano al Dios de Israel
te opones... Mas ya los vientos
en veloz cándida nube
leve surca, y fácil sube   700
y acordes los elementos,
rompen las regiones mudas
con sonorosas corcheas
porque en su obediencia veas
lo que en tu ignorancia dudas.   705

(Baja en nube por tramoya el Anticristo, vestido como primero, y entretanto cantan esta copla.)

Música	¡Gloria a Dios en las alturas
	y en la tierra paz y amor,
	pues hoy desciende el criador
	a redimir las criaturas!

(Sale de la nube y arrodíllase delante del Patriarca.)

Anticristo	¡Salve, oh tú, de Jesé estirpe dichosa,	710
	de cuya fértil generosa vara	
	nació purpúrea flor, cándida rosa!	
	¡Salve, salve otra vez, progenie clara	
	de Judá, que león produce al suelo	
	a conquistar del orbe la tiara!	715
	¡Salve mil veces, venturoso abuelo	
	deste, si humilde, celestial Mesías;	
	deste, si Hijo de Dios, en mortal velo!	
	Conoce efectos ya las profecías,	
	celebra ya mercedes las promesas	720
	que el cielo cumple en tus felices días.	
	Dame la mano.	
Patriarca	¿Mano mortal besas	
	Tú, de Dios Hijo y Redentor del mundo?	
	Negando estás lo mismo que confiesas.	
Anticristo	En justa ley esta obediencia fundo;	725
	que eres mi abuelo y rey del pueblo hebreo;	
	y en tanto que mis sienes no circundo	
	de la corona que en las tuyas veo	
	yo así, pues vengo a ser obedecido,	
	lo mismo dogmatizo que deseo.	730
	Y porque ya tu edad del concedido	
	término goza el límite postrero,	
	aplica a mis acentos el oído,	

que el gran misterio declararte quiero,
Joas, con que de Dios omnipotente 735
soy Hijo, y por abuelo te venero.
Tu hija Esther, que en lustro floreciente,
al túmulo lloraste trasladada,
fue del que miras Sol cándido oriente,
no muerta, no, más viva transportada 740
fue por mi padre a aquel fecundo suelo,
habitación de Adán mal conservada.
Allí, en admiración de tierra y cielo,
sin obra de varón, le dio al Mesías
su claustro virginal humano velo, 745
según por inspiradas profecías
la sibila Sambete lo predijo,
según los vaticinios de Isaías
«Concebirá una virgen clausa un Hijo»
(cantó el profeta), que la mente hebrea, 750
inclusa en la dicción, clausura dijo:
¿Quién, pues, será tan ciego que no vea
la verdad del pronóstico en su efeto,
que el pueblo de Israel tanto desea,
pues a tu hija, virgen, el secreto 755
sepulcro fue clausura, porque fuera
oculto en ella yo, de Dios conceto?
Si no te vences contumaz, pondera
que afirma lo que niegas, obediente
solio a mis plantas, la más alta esfera 760
lo pida tu protervia resistente
el cuerpo de tu hija, que dormido
diste a la tumba, que le llora ausente,
y verás, patriarca, convertido
el precioso tesoro en sombra vana 765
y en cenotafio el que sepulcro ha sido
que ya dichosa Esther, en soberana

	mansión, por digna Madre del Mesías,	
	al alma junta la porción humana.	
	Mas ya el último instante de tus días	770
	de mí preconocido, es testimonio	
	que te acredita las verdades mías.	

Patriarca   Yo muero. Éste es, ¡oh pueblo babilonio!,
el triunfante David, que ya venero
rey desde el indio suelo al macedonio;   775
éste es de Dios el Hijo verdadero,
por quien dan a Israel las profecías
el libre estado que gozó primero.
Ahora ya, Señor, tu siervo envías
en paz, conforme a la palabra tuya,   780
pues que vieron mis ojos al Mesías.

(Cae muerto.)

Elías falso   Murió. ¿Quién hay que en tu poder no arguya?

Judío I   ¡Viva el rey de Israel, y al pueblo hebreo
la libertad preciosa restituya!

Anticristo   Hoy su línea tocó vuestro deseo,   785
hoy pondrá en la cerviz más impaciente
la vencedora planta el galileo,
que hoy en solio real y en eminente
trono, ocupando el cetro y la corona,
mi nombre volará de gente en gente.   790

Elías falso   El cielo mismo tu poder pregona.

Sofía (Saliendo.)   Torrente de Flegetón,
que en llamas abrasadoras,

opuesto al cielo, pretendes
inundar las cinco zonas. 795
Símbolo de la maldad,
en quien cifra y epiloga
todo su imperio el infierno,
Lucifer sus fuerzas todas,
¿qué nueva torre fabricas, 800
qué nueva máquina formas
contra el poder de los cielos
en la región babilonia?
¿Con qué engaños te acreditas?
¿Piensas tú que el mundo ignora 805
que eres aquel Belial
que en proféticas historias
con soberanos impulsos
anunciaron tantas bocas
de santos vaticinantes 810
y de sibilas ariolas?
¿Piensas tú que ha de ocultarse
que tus artes engañosas
de nigrománticos pactos
tus raros portentos obran? 815
Y si la vecina muerte
de tu patriarca ahora
anunciaste, fue dictando
el pronóstico a tu boca
el demonio, cuya ciencia 820
angélica es poderosa
a colegir de la vida
por los rumores las horas.
Pues apercibe tus fuerzas
y tus conjuros invoca 825
cuantos espíritus fueron
ya luces y ya son sombras,

	cuantos ya precipitados	
	por soberbios, de la gloria	
	niegan arrepentimientos,	830
	cuando escarmientos informan	
	que esta mujer flaca, humilde,	
	a quien la verdad exhorta	
	contra ti publica guerras	
	y enemistades pregona.	835
Elías falso	¡Loca mujer!	
Anticristo	¡Deteneos!,	
	no la ofendáis si está loca.	
(Aparte.)	(Aunque la defiendo, más	
	que por loca, por hermosa,	
	y mis lascivos deseos	840
	ciegamente me provocan	
	a gozar de su belleza;	
	mas acreditarme importa	
	con simulada piedad	
	y mansedumbre engañosa	845
	hasta confirmar mi imperio,	
	que después las riendas todas	
	soltaré a mis apetitos.)	
	Mujer, mi piedad perdona	
	injurias a tu ignorancia.	850
	Vete en paz, que en breves horas	
	darán luz a tus tinieblas	
	mis hazañas milagrosas,	
	pues de mi ciencia y poder	
	no habrá centro que se esconda.	855
Judío I	¡Qué piedad!	

Judío II	¡Qué mansedumbre!	
Elías falso	Bien en su misericordia se ve que es Hijo de Dios.	
Sofía	En vano a la paz me exhortas, cuando el cielo me destina para oponerme a tu gloria.	860
Anticristo	En vano tú a mi poder, como al fuego árida estopa, como frágil barca al mar, como tierna flor al Bóreas oposición solicitas.	865
Sofía	El cielo dará a mi boca tanta fuerza en las palabras que me admires vencedora	
Anticristo	Quitaré a tu lengua yo, dándote pena piadosa, las articuladas voces por que mi deidad conozcas y por que desdigas muda lo que parlera pregonas. Desde aquí a tu entendimiento niegue obediencia la boca hasta que rendida ofrezcas holocaustos a mi gloria.	870 875

(Quiere Sofía responder y hace señas de muda.)

Elías falso	Su lengua has encarcelado ¿cómo ahora no blasonas?	880

(Hace Sofía la cruz con los dedos y pónesela en la boca y vase.)

Judío I
Con la cruz sella los labios,
y de vencida, furiosa
se parte de su presencia.

Judío II
Testimonio dan tus obras 885
de tu poder soberano.

Anticristo (Aparte.)
Si no me venciese, hermosa,
la que poderoso venzo.

(Tocan.)

Todos
¡Viva el rey de Babilonia!

Fin de la primera jornada

Jornada segunda

(Salen el Anticristo, vestido de rey judío, y Elías falso, y acompañamiento de judíos con música.)

Elías falso   Ya de Babilonia tienes
el cetro, ya la corona
de ese cielo, breve zona,
ciñe tus heroicas sienes.
Manda, ordena, y tus deseos   5
tengan el colmo debido,
pues tienen ya conocido
tu gran poder los hebreos,
y pues te dan los paganos,
dejando sus ritos viles,   10
la obediencia, y los gentiles
desprecian sus dioses vanos.
El cristiano solamente
te resiste pertinaz;
mas pues no estima la paz,   15
pruebe tu brazo valiente.

Anticristo   Con su injusta sangre, Elías,
vertida en furiosa guerra,
se esculpirán en la tierra
las ciertas verdades mías.   20
Mi capitán general
te nombro, ejércitos mueve
que al mundo en término breve
den terror universal.
Lo primero que has de hacer   25
es que se publique un bando
en que determino y mando
que a cuantos mi carácter

	en la diestra o en la frente	
	no trajeren, desde luego,	30
	se prohíbe el agua y fuego	
	y el comercio de la gente.	
	Tras esto a Egipto camina	
	con numeroso escuadrón,	
	y al rey de aquella región	35
	a sangre y fuego arruina.	
	Al de Libia y Etiopia.	
	sujeta, destruye y mata,	
	que de gente, de oro y plata	
	y de naves tanta copia	40
	te daré, que al duro encuentro	
	de tus armas tiemble el mundo,	
	pues ya del mar el profundo	
	y ya de la tierra el centro,	
	me rinden cuanto en sus venas	45
	tesoro el Sol ha engendrado,	
	y cuanto han depositado	
	naufragios en sus arenas.	
Elías falso	Voy a obedecerte.	
Anticristo	Parte.	
	poderoso en nombre mío.	50
Elías falso	Pues en tu poder confío,	
	las armas llevo de Marte.	
(Vase.)		
Anticristo	Agora que mis portentos,	
	por la fama dilatados	
	aseguran mis cuidados	55

                        y acreditan mis intentos,
                        comiencen mis apetitos
                        y acabe mi hipocresía.
                        Tú serás, bella Sofía,
                        la primera en mis delitos,   60
                        que la beldad peregrina
                        de tu rostro soberano
                        me dice que soy humano,
                        pues me vences por divina.

Judío   Santo y celestial Mesías...,   65
(Saliendo alborotado.)   ¿cómo tu poder consiente
                        que en Babilonia...?

Anticristo   Deténte.
                        Ya sé que de un falso Elías,
                        que contra mí se levanta,
                        las nuevas a darme vienes.   70

Judío   Si tan alta ciencia tienes,
                        y si tienes fuerza tanta
                        que entiendes los pensamientos,
                        ¿por qué tu deidad permite
                        que un hombre desacredite   75
                        libremente tus intentos?

Anticristo (Aparte.)   (Contra éste que a mi poder,
                        como está profetizado,
                        hace el cielo reservado,
                        engaños me han de valer.)   80
                        Amados vasallos míos
                        y mis aseclas leales,
                        no os perturbe esta tormenta,
                        que es permisión de mi padre.

Como sin virtud no hay premio, 85
y no hay virtud sin contrastes,
pues el lustre y la victoria
de la resistencia nace,
la Providencia divina
ordena que se levante 90
este vil seudo profeta
a desmentir mis verdades,
porque así los que me crean
victorioso premio alcancen,
que no merece la fe 95
donde la duda no cabe.
Contra el verdadero Elías,
mi precursor, éste al aire
falso y engañoso tiende
belicosos estandartes; 100
con diabólicos prestigios
acredita falsedades,
y a mi poder soberano
opone mágicas artes.
Armaos, pues, de fortaleza, 105
y pues con avisos tales
os hago ya prevenidos,
no os perturbe ni os engañe
resista a sus persuasiones
quien tenga valor constante, 110
cierre a su voz los oídos
quien se conociere frágil,
que yo en esta guerra quiero
vencerle, mas no estorbarle
antes a mis gentes mando 115
que ni lo prendan ni maten,
tanto porque el resistirle
os dé méritos más grandes,

	cuanto por obedecer la voluntad de mi padre.	120
Judío I	¿Qué persuasiones, qué engaños, qué nieblas, qué oscuridades opondrán horrible noche al Sol que en tu oriente nace?	
Judío II	Ya el hipócrita fingido ante tus ojos reales se presenta.	125
Anticristo	Tanto emprenden ambiciosas falsedades.	
Judío I	Todo el pueblo le acompaña.	
Anticristo (Aparte.)	(Mi crédito en este trance corre gran riesgo; valedme, espíritus infernales.)	130

(Salen Elías, con saco y barba larga, y Gente.)

| Elías | No vengo a disuadirte, monstruo horrendo,
tu nefanda intención, tu enorme empresa,
pues para emporio del mayor delito,
desde tu concepción estás precito;
si bien al peso igual de tu malicia,
porque de Dios conozcas la justicia,
te ha dado entendimiento y ciencias tales,
que en discernir los bienes de los males
ninguno te aventaja, y, aunque en vano,
un custodio te inspira soberano.
No vengo, no, a intimar a tus mentiras | 135

140 |

la guerra que les mueven mis verdades;
pues fuera de que a ti no son secretas   145
las voces de sibilas y profetas,
la impura inteligencia te lo ha dicho,
que al oído te dicta los ausentes
casos, como futuros contingentes.
Falsa ocasión que contra la infinita   150
verdad te ensoberbece y acredita.
Mas véngote a probar, en la presencia
del pueblo que me escucha, la evidencia
de que fue Jesucristo, Dios y hombre,
el verdadero celestial Mesías,   155
y eres tú la ceraste, la culebra,
el Belial, la bestia decacornu,
en que los santos padres han previsto
al hijo del pecado, al Anticristo,
que el contrario de Cristo significa,   160
según el griego idioma lo publica;
porque no excuse la ignorancia al mundo
en aquel grande y espantoso día,
universal de fuego cataclismo,
cercano ya, en que el Hijo de Dios mismo   165
a dar eternos premios y escarmientos
descenderá en los hombros de los vientos.

Anticristo   Hipócrita engañoso, aunque podía
castigar con tu muerte tu osadía,
te permito que vivas, y permito   170
porque me dé más glorias tu delito.

Elías   Bien sabes tú que soy el mismo Elías
que, en el carro de fuego arrebatado
por Dios, y al paraíso trasladado
con el profeta Enoc, que en el Oriente   175

                    evangeliza ya de gente en gente,
                    destinado he vivido tantos años
                    para propugnador de tus engaños.
                    Y sabes tú que exentos de tu furia
                    hemos de predicar Enoc y Elías   180
                    mil y doscientos y setenta días,
                    veinte menos de aquellos que tu mano,
                    según Daniel, gozará el cetro humano.
                    Y así te has prevenido, como adviertes
                    la fuerza de tan claras profecías,   185
                    haciendo precursor a un falso Elías,
                    a quien, siendo un ladrón de Galilea,
                    un diabólico espíritu infundiste
                    que le ministran, siendo poco sabio,
                    ciencias al pecho y sílabas al labio. 190
                    Y por la misma causa simulado,
                    viendo que el ofenderme es imposible
                    hasta el plazo por Dios estatuido,
                    que la vida me das, y cauteloso
                    finges que es permisión lo que es forzoso. 195

Anticristo   «¡Enviaré (dice Dios por Malaquías)
                    a vosotros mi gran profeta Elías
                    antes del día grande y espantoso
                    del Señor!» ¿Negarás que en mí se cumple
                    a la letra este oráculo divino,   200
                    pues a Asiria llegó el tesbite Elías
                    por precursor de las grandezas mías,
                    y luego vine yo a imperar al suelo,
                    dando horror mi venida a tierra y cielo?

Elías   El grande y espantoso día es solo   205
                    el que, abrasado el uno y otro polo,
                    dará el Señor en el postrer juicio

su premio a la virtud, su pena al vicio,
explicado lo ves por Sofonías,
que apellida de Dios el día grande 210
y horrible al mismo en que dará a la tierra
en diluvios de fuego mortal guerra.
Si de ti lo interpretas, y el Mesías
te nombras, ¿cómo pudo Malaquías
llamar horrible al día venturoso 215
cuya venida la nación hebrea
para su redención tanto desea?
«¿Por quién nació la luz?» (dijo Isaías),
y él mismo: «Veis aquí el Niño pequeño
que por persona no será tenido; 220
no clamará, de nadie será oído,
y ni triste será ni turbulento;
tu manso rey vendrá sobre un jumento
a ti, Sión; y en la presencia suya
te alegrarás, porque será un cordero 225
que de misericordia tendrá el solio».
Por él verán los ciegos, y los mudos
hablarán; limpiaranse los leprosos,
y dirá hablando a los facinerosos:
Misericordia, sí; no sacrificio 230
quiero, conforme lo predijo Oseas,
y si más clara impugnación deseas,
¿por Él no dijo el santo Jeremías
«De mí aprended, que soy humilde y manso,
y en las almas tendréis pan y descanso»? 235
¿Cómo concuerdas, pues, los atributos
de humilde y manso, de cordero y niño,
que da salud y libertad y vida,
con ser horrible al mundo su venida?

Anticristo   El día grande y horrible   240

al de mi feliz venida
llamó el profeta; y ser yo
el deseado Mesías
no implica, pues he de ser
cordero con quien me siga 245
y león con quien me ofenda,
como Jacob lo adivina;
y esta misma distinción
responde a las profecías,
que niño manso y humilde 250
y piadoso me apellidan
Isaías, ¿no lo prueba,
pues tras las palabras mismas
que dicen: «Ni clamará
ni será su voz oída», 255
dice luego, amenazando
las gentes mis enemigas:
«Saldrá cual fuerte guerrero,
y clamando en voces vivas,
sus contrarios vencerá»?, 260
y Jacob, ¿no lo confirma,
pues con la presa y despojo
de la guerra me convida?;
y para que te convenzas,
escucha las profecías 265
que alegar puedes por ti
en mi favor construidas:
«No faltará en Judá el cetro
(dice Jacob) hasta el día
que venga el que ha de enviarse», 270
y ves que fue poseída
por trece lustros y un año
la corona en Palestina
del efrainita Josué,

y Moisés, que fue levita 275
y estuvo en quince jüeces
después su aristocracía
tres siglos, sin que entre tantos
fuesen de Judaica línea
más que Abesán y Otoniel, 280
hasta Saúl, benjamita,
antes que viniese al mundo
el que tú llamas Mesías
luego en él no se cumplió,
lo que Jacob profetiza: 285
Que será la expectación
de las gentes, vaticina
Jacob; luego mi grandeza
y majestad significa.
«Nacerá de madre virgen» 290
(a Acad le dijo Isaías),
y Esther virgen fue mi madre,
por más engaños que finjas.
«Los reyes de Arabia y Tarsis
y Sabá (dice el salmista) 295
le ofrecerán dones», presto
cumplirán lo que publica,
ofreciéndome sus cetros
Etiopía, Egipto y Libia.
Donde dice: «Fue mi precio 300
treinta argentos», Zacarías
habla de Josef en ellos,
vendido a los madianitas;
que de Jesús no se puede
entender la profecía, 305
pues por ellos su persona
fue presa mas no cautiva.
«Mis pies y manos rompieron,

y sobre las ropas mías
echaron suertes», aquí 310
bien se ve que habla el salmista
de los tormentos que dio
rabioso a los israelitas
Faraón, cuando en tirano
imperio los oprimía. 315
Las hebdómadas, setenta
dirás que fueron cumplidas,
dando a cada una siete años,
en el que llamas Mesías;
mas también verás que han sido 320
cumplidas en mí, si aplicas
a cada una siete tiempos,
pues no hay razón más precisa
si hebdómada dice siete
tiempos, de ser entendida 325
de siete años, que de siete
siglos, lustros, meses, días,
prometió Dios restaurar
el templo, y que triunfaría
por siempre Jerusalén; 330
y esto los tuyos lo explican
en el místico sentido;
pero si con mi venida
en literal se ejecuta,
¿no es vana la alegoría? 335
no respondo a las expresas
respuestas de las sibilas,
porque se sabe que soy,
apócrifas y fingidas,
pues la ceraste de Dan 340
falsamente se me aplica,
si yo de Judá desciendo,

aunque pese a tus mentiras.
Siendo así, ¿con qué intenciones
tus engaños acreditas, 345
buscando a expresos sentidos
místicas alegorías?

Elías   Con sofísticas nieblas imaginas
verdades, falso, oscurecer divinas,
cuando lo vemos todo ejecutado 350
a la letra en Jesús crucificado.
«No faltará (dice Jacob) el cetro
en la gente judaica, hasta que venga
El que se ha de enviar», y Él nació el día
que en Herodes gentil pagado había 355
el cetro; y si otras veces, como alegas,
faltó del tribu de Judá, a lo menos
siempre lo tuvo la nación judía,
que della habló en común la profecía.
La sibila Cumea le predijo 360
dos letras consonantes, y vocales
cuatro a su nombre, cuya suma haría
ochocientos y ochenta y ocho, y todo
en Jesús se cumplió del mismo modo,
pues le llama Iesous el griego idioma. 365
Y hablando de Él la misma expresamente
por las primeras letras de sus versos,
dice así: Jesucristo, Dios y Hombre,
Salvador, Cruz, pronóstico sagrado
que nuestra redención ha epilogado. 370
«Dones le ofrecerán (dice el salmista)
de Arabia y Tarsis y Sabá los reyes»;
los tres lo hicieron, y si en ti lo entiendes,
por el de Libia, Egipto y Etiopia,
das a la letra explicación impropia. 375

«Sanará los dolientes, los demonios
expelerá, sosegará los mares
y en desierto lugar cinco millares
de personas tendrán por obra suya
con solo cinco panes y dos peces, 380
manjar bastante», dijo la eritrea;
«En el Jordán recibirá bautismo»,
escribió la de Cumas, y bien sabes
que mil antiguos testimonios graves
aprueban las sibilas. «Fue mi precio 385
treinta dineros», dijo Zacarías;
esto no habla en Josef, que fue vendido
en veinte, y por dejarte concluido,
el campo de Isaías anunciado.
¿No fue en los treinta de Jesús comprado? 390
Y si Cristo no fue vendido en ellos,
el profeta les llama precio, y fueron
precio, pues su persona fue entregada,
y fue su entrega en ellos apreciada:
«No le conocerán (dice Isaías); 395
oiranle, y no le oirán, y aunque le vean
no le verán los mismos que desean
oírle y verle; humilde y despreciado,
padecerá por el común pecado;
y en medio de tormentos y de agravios, 400
cual mansa oveja, no abrirá los labios,
y al patíbulo irá como el cordero.»
Y las sibilas dicen el madero
en que Dios mismo se verá pendiente.
Pues en ti, falso, ¿cómo verificas 405
este silencio cuando notificas
al mundo a voces tu tirano imperio?
¿Qué es del suplicio? ¿Dónde está el madero
en que pendiente estás, manso cordero?

«Mis pies y manos taladraron (dice 410
el salmista), y mis ropas dividieron
y echaron suertes por mis vestiduras.»
¿Y adulteras tan claras escrituras?
¿Cuándo en ellas se ve que el pueblo hebreo
diese estas penas el egipcio imperio, 415
si bien los oprimió su cautiverio?
La inmolación de Cristo prometida
a Daniel en la hebdómada setenta,
¿no fue en la muerte de Jesús cumplida,
pues dando a cada hebdómada siete años 420
son cuatrocientos y setenta y ocho
los que distó de la promesa el día
de la Pasión del Hijo de María?
Pues ¿cómo quieres que por siete lustros
o siglos cada hebdómada se cuente, 425
si una hebdómada dice siete tiempos,
y es el tiempo del Sol una medida;
y así es fuerza que hebdómada interprete
siete cursos del Sol, y así, o de siete
años se ha de entender, o siete días, 430
que son las dos medidas naturales
que terminan sus giros celestiales?
¿Por qué, pues, gente adúltera y malvada,
cumpliéndose en Jesús las profecías
contumaces negáis que es el Mesías? 435
Si porque eternidad prometió al templo
y que a Jerusalén triunfante haría
por largos siglos, y la veis opresa,
y el templo desde entonces destruido,
no lo entendéis, que en místico sentido 440
habló, no literal, llamando templo
a la Iglesia, y la patria soberana
Jerusalén de la nación cristiana.

Y si desto dudáis, bien lo ha probado
su imperio al mundo en siglos dilatado,   445
cuando a Sión le dijo del Mesías:
«A ti vino la luz, y cuando al mundo
tiniebla cubrirá caliginosa,
tú sola en su esplendor serás hermosa»,
no habló el profeta, pues, con frases tales   450
de luces y tinieblas materiales.
Si prometió en el Génesis al mundo
Dios, el Mesías, que al dragón profundo
hiciese guerra, y al divino imperio
restituyese a Adán del cautiverio   455
a que le sujetó el primer pecado,
¿no está con esto sin cuestión probado
que hablando del imperio del Mesías
no hablan del temporal las profecías?
Pues siendo así, progenie miserable,   460
¿por qué le aborrecéis? ¿Porque es amable?
Trocad la mansedumbre de un cordero
a la crueldad de un lobo carnicero.
Pues este (no os engañe) incestuoso
hijo fue de Mancer, que, apedreado,   465
en castigo murió de su pecado:
éste a su madre Abá, a quien torpemente
gozó, vil matricida, en una oscura
sima le dio en Betzaida sepultura;
éste, de Dan estirpe, falsamente   470
de Judá se publica descendiente.
Pero cuando lo fuera, ¿por ventura
ignoran vuestros locos desvaríos
cuánto ha que falta rey a los judíos?
¿Por ventura ignoráis que el patriarcato   475
que su mentido abuelo poseía,
por cumplir de Jacob la profecía,

es oficio comprado al rey persiano,
y que estando sujetos a su mano
maquináis trazas de verdad ajenas,   480
y rey fingís al que es virrey apenas?
¿No está profetizado que vendría
este monstruo, en estando el Evangelio
en todo el universo publicado?
Pues veislo aquí a la letra ejecutado.   485
Ciegos, ¿no veis cumplir a Enoc y a Elías,
contra su falsedad, las profecías?
El imperio romano dividido
en diez coronas, ¿no lo veis cumplido?
La torre de Nembrot y su soberbia   490
contra el cielo atrevida, ¿no es figura
de que en esta ciudad su monarquía,
como lo veis cumplido, empezaría?
«Hablará y obrará cosas terribles
contra el Excelso.» ¿Quién habrá que crea   495
que el Excelso llamó a quien no lo sea
en la verdad, Daniel? ¿No dice luego:
«contra el Dios de los dioses grandes cosas
hablará el mismo?», pues ¿qué loco engaño
ciegos os lleva a vuestro propio daño?   500
Al que se opone a Dios, ¡oh pueblo hebreo!,
¿queréis tener por sumo coriceo?
Volved, abrid los ojos; Dios me envía
a ser de tanta noche claro día.
En tiempo estáis; mirad que se avecina   505
del universo la fatal rüina,
pues después de la muerte de este fiero
Anticristo, cuarenta y cinco días,
según las soberanas profecías,
justiciero y terrible, no clemente,   510
no ya cordero, mas león rugiente,

	dará por siglo en duración eterno	
	de Dios, el Hijo, el cielo o el infierno.	
Judío I	Calla.	
Judío II	Señor, ¿por qué escuchas	
	argumentos de un sofista?	515
	Permite que con su muerte	
	castiguemos su osadía.	
Anticristo	Dejadle; que ya os he dicho	
	que es importante su vida,	
	porque den a mis verdades	520
	más resplandor sus mentiras.	

(Vase.)

Judío I   Tu piadoso sufrimiento
               en permitirle que viva
               te acredita vencedor.

(Vase. Tocan chirimías.)

Todos	¡Viva el Rey, viva el Mesías!	525

(Vanse.)

Elías	Generación depravada,	
	rebelde y adulterina,	
	pues no merecéis piedad,	
	sentiréis de Dios la ira.	
	El austro os niegue sus lluvias,	530
	y en las regiones de Asiria	
	no fructifiquen los campos;	

                    el Sol con llamas estivas
                    os dé abrasados alientos;
                    el mar y las fuentes frías   535
                    sangre os ofrezcan por agua,
                    y escojáis en las fatigas
                    de pestilentes contagios
                    la muerte por medicina,
                    hasta cuando, arrepentidos   540
                    de tan loca apostasía,
                    la penitencia merezca
                    lo que pierde la malicia.

(Vase. Salen Balan y un Caminante judío por lo alto de un monte.)

Caminante   Ya de Babilonia veo
                    los muros; ésta es aquella   545
                    ciudad más grande y más bella,
                    gloria del poder caldeo.

Balan   El que a su refugio viene,
                    del mundo estará seguro.

Caminante   Veinte leguas tiene el muro   550
                    de circunferencia, y tiene
                    de altura cincuenta estados,
                    y doce de latitud;
                    tanto, que en la plenitud
                    de su cumbre, emparejados   555
                    van seis carros, y de Belo
                    (que ésta es mayor maravilla)
                    la torre tiene una milla
                    desde el capitel al suelo.

Balan   Aquí reina ya el Mesías,   560

                    según publica la fama.
                    Mas del Sol la ardiente llama
                    en las regiones más frías
                    nos da fuego en vez de aliento,
                    y ya la sed y la hambre   565
                    rompen el delgado estambre
                    de mi vida; no me siento
                    con fuerzas para poder
                    llegar a pie a la ciudad.

Caminante   Pues en esta soledad,   570
                    ¿qué remedio puede haber?
                    Que yo también, desmayado,
                    apenas muevo los pies.

Balan   En esta señal que ves,

(Muéstrale la palma de la mano.)

                    el poder tengo cifrado   575
                    del Mesías, para hacer
                    milagros a imitación
                    de los suyos; la ocasión
                    llegó en que me ha de valer.
                    Volando iré por el viento;   580
                    ven, llevarete conmigo.

Caminante   Vuela tú, que ya te sigo.

Balan   ¿Tú tienes por fingimiento
                    estos milagros que intento?
                    Presto verás tu castigo.   585

Caminante   Válgate el cielo.

(Arrójase Balan de la sierra al teatro como para volar.)

Balan	¡Ay de mí!
	El Mesías no es Mesías;
	decirlo vos, piernas mías,
	pues por creerle os perdí.

Caminante	¿Estás vivo?

Balan	Vivo estoy	590
	desde la cintura arriba.	

Caminante	Si me da esta sierra esquiva
	senda, a socorrerte voy,

(Vase por arriba.)

Balan	¿Qué demonio me ha engañado	
	para fiarme de ti?	595
	Tener alas entendí,	
	y sin piernas he quedado.	

(Salen Sofía, con saco y una cruz y un libro; y su Hermano y otro Cristiano.)

Hermano de Sofía	¡Gracias a Dios que este suelo,	
	en su inculta soledad,	
	nos libra de la crueldad	600
	de ese enemigo del cielo!	

Cristiano	Ponderando voy confuso	
	desta bestia los portentos;	
	porque impedir los acentos,	
	quitar de la lengua el uso,	605

                como veis, a vuestra hermana
                solamente con querer,
                muestra divino poder,
                fuerza arguye soberana.

(Muéstrale Sofía el libro abierto, y él lee.)

Hermano de Sofía   Ella la dificultad   610
                              ha entendido, y vuestra duda
                              disuelve, por estar muda,
                              con escrita autoridad.

Cristiano (Leyendo.)   «Tratado del juicio final, por el maestro fray Nicolás Díaz, de la Orden de Predicadores».

(Abre otra parte.)   «Dice San Pablo que la venida del Anticristo ha de ser según la obra de Satanás, porque los demonios le ayudarán, y mediante su ministerio hará muchas cosas que parecerán milagros.»

                              Parecerán, dice; infiero
                              de aquí que no lo han de ser.   615
                              Pues si ha hecho su poder
                              milagro tan verdadero
                              en vuestra hermana, a quien muda
                              vemos, sobrenatural
                              fuerza arguye efeto igual.   620

Hermano de Sofía   Ya responde a vuestra duda.

(Ella abre el libro por otra parte; lee el Cristiano.)

Cristiano (Leyendo.)   «Santo Tomás dice que son milagros los que se hacen fuera de la orden de la naturaleza criada; y cuando vemos alguna cosa que no conocemos, lo tenemos por milagro, y no lo es, y así serán los que hará el Anticristo con poder del demonio.»

Hermano de Sofía   De modo que puede hacer
cuanto los demonios pueden;
y aunque sus obras exceden
nuestro modo de entender   625
no son milagros, pues son
hechos por virtud criada:
y así puede estar ligada
por oculta aplicación
de algún demonio, la lengua   630
de mi hermana.

Cristiano   ¿Es de creer
que te dé tanto poder
Dios al demonio en su mengua,
y más contra los cristianos?

Hermano de Sofía   Sí, porque en esta ocasión,   635
para su persecución,
le ha desatado las manos.

(Ella abre por otra parte el libro, y lee el Cristiano.)

Cristiano (Leyendo.) «Dice San Juan: Le desatará al fin del mundo, y por todo él ha de ir a engañar.»

Si los prodigios son tales
que engañan nuestros sentidos,
¿en qué han de ser conocidos   640
por efectos naturales?

Hermano de Sofía	En que está profetizado
	que han de serlo; y así, quiso
	hacer Dios con este aviso
	que no tuviese el pecado 645
	de creerle, justa excusa
	en la ignorancia.

Cristiano	Mi pecho,
	del todo habéis satisfecho:
	huyó la noche confusa.

Balan	Ya el cielo se ha lastimado 650
	de mi mal. ¡Ah, pasajeros!
	Si a piedad puede moveros
	un pobre perniquebrado,
	socorred las ansias mías.

| Hermano de Sofía | ¿Qué caso te ha sucedido?   655 |

Balan	De Galilea he venido
	en demanda del Mesías,
	y en su virtud intenté
	ser ave que el viento nada,
	y di tal pajarotada 660
	cual un corchete la dé.

(Hácele señas Sofía, apuntando al cielo.)

| Hermano de Sofía | Lo que vais buscando vos |
| | venimos los tres huyendo. |

(Dice Sofía por señas que no, y pone la cruz en la boca.)

| Balan | ¿Que haga pinos? No te entiendo. |

	¿Que eres alguacil de Dios?	665
	¿Que calle, o que me darás	
	con la cruz?	

Hermano de Sofía   Su intento ignoras
lo que dice es que si adoras
la cruz, luego sanarás,

| Balan | Déme primero salud | 670 |
| | y luego la adoraré. | |

Hermano de Sofía   En faltándote la fe,
no obrará en ti su virtud.

Balan	Yo lo he de hacer, pues porfías:	
	¿Por ventura esa señal	675
	me librará de este mal	
	que me dio la del Mesías?	
	Yo la adoro y la venero.	

(Besa la cruz. y levántase dando saltos.)

	¡Cielo santo! Bueno y sano	
	estoy. Vuélvome cristiano,	680
	y arrenuncio al embustero	
	por quien me vi en tal trabajo	

(Disparan dentro truenos.)

Mas, ¡qué fiera tempestad!

Cristiano   ¡Qué truenos!

(Vase como a ciegas.)

Hermano de Sofía   ¡Qué oscuridad!

(Vase como a ciegas.)

Balan   El cielo se viene abajo.   685

(Anda como a ciegas.)

> De una en otra peña doy
> todo me aflige y espanta.
> ¡Valedme vos, mujer santa,
> pues por vos cristiano soy
> y al Anticristo he negado!   690

Anticristo (Saliendo.)   ¡Ah, traidor!

Balan   ¿Quién es?

Anticristo   Infiel,
> quien castigará cruel
> lo que blasfemo has pecado.
> ¿No sabes tú que por mío
> mi carácter te imprimí?   695

Balan   Ya te conozco. ¡Ay de mí!

Anticristo   Pues ¿cómo, infame judío,
> tan fácil y desleal
> me has quebrantado la fe?

Balan   Porque con la Cruz cobré   700
> lo que no con tu señal.

Anticristo	Todas fueron trazas mías
por probar tu pecho impío.	
Balan	Pues vuélvome a ser judío,
y adórote por Mesías.	705
Anticristo	Y ya con eso perdona
tu delito mi piedad.
Parte luego a la ciudad,
y lo que has visto pregona	
Balan	Voy; mas prueba, si te agrada,
los tuyos más blandamente,
que perniquebrar la gente
es tentación muy pesada.	710
Anticristo (Aparte.)	(Esta es, amor, la ocasión
que a solas quise intentar
gozaría, por no arriesgar,
si no venzo, mi opinión.)
Hermosa enemiga mía,
en cuyo claro arrebol
miro al alba, admiro al Sol,
siendo yo quien le da el día,
enamorado y atento
a tu honesta presunción,
por conservar tu opinión
quité la luz, turbé el viento:
verte sola fue el intento
de tan tenebroso horror;
porque si a mi ciego ardor
no fuere tu pecho ingrato,
no me quite tu recato
lo que me diere tu amor. | 715

720

725

730 |

Ningún testigo tendrás
del bien, sí llego a alcanzarlo,
sino a mí, que he de estimarlo
como a quien vida le das; 735
mi esposa y reina serás
si das premio a fe tan pura;
goza, pues, de la ventura
que te consagra mi amor,
y no pierda tu rigor 740
lo que gana tu hermosura.
Bien lo puede el amor mío
por humilde merecer,
pues renuncio mi poder
un manos de tu albedrío: 745
encender tu pecho frío,
no forzarlo, es mi intención;
muerte me dé tu afición,
y no tu ofensa trofeo:
que corre con mi deseo 750
parejas tu estimación.
¿Dónde, pues, ibas, señora,
dando a tan áspero clima
los tiernos pies que lastima,
que tierno mi pecho adora? 755
No hay del ocaso a la aurora
de mi poder donde huyas;
y de esto quiero que arguyas
cuán en vano te condenas
a solicitar mis penas 760
tan a costa de las tuyas.
A glorias trueca tormentos,
tanto mal, a tanto bien,
y serás reina de quien
es rey de los elementos. 765

	Rompe los mudos acentos	
	que si por mostrarte allí	
	mi poder les impedí	
	a tus órganos la acción,	
	por mostrarte mi afición	770
	se la restituyo aquí.	
	¿No respondes? ¿Tu rigor	
	sella tus hermosos labios,	
	y castiga los agravios	
	de mi poder en mi amor?	775
	Mira, mi bien, que el favor	
	pido que puedo tomar:	
	resuélvete, pues, a dar	
	lo que no tomo pudiendo,	
	y obligarás concediendo	780
	lo que no puedes negar.	
Sofía	Callaba por no ejercer	
	facultad que tú me das:	
	hablo porque pensarás	
	que callar es conceder.	785
	Ni tu amor ni tu poder,	
	bárbaro, torpe, blasfemo,	
	me obligan; que en el supremo	
	Dios confiada y constante,	
	que es más fuerte y más amante,	790
	ni uno estimo, ni otro temo.	
Anticristo	¡Qué ciega estás! ¿Defenderte	
	piensas de mí cuando ves	
	que el mundo tiembla a mis pies,	
	sirve a mis manos la muerte?	795
Sofía	Más invencible y más fuerte	

	que entrambos es mi albedrío.	
Anticristo	¿No has visto ya el poder mío?	
Sofía	Su fuerza conmigo es vana.	
Anticristo	¿No eres mujer?	
Sofía	Soy cristiana.	800
Anticristo	¿No eres flaca?	
Sofía	En Dios confío	
Anticristo	Válgate ese Dios conmigo, en que tu ignorancia fía.	

(Quiere abrazarla, y aparece Elías por tramoya y arrebata a Sofía y llévala.)

Sofía	¡Valedme, Jesús!	
Elías	Sofía, no temas; Dios es contigo. Huye este monstruo enemigo, parte a Sión, que ha de ser campo donde has de vencer mayor guerra.	805

(Vanse.)

Anticristo	¡Ardientes furias! O vengad estas injurias, o miente vuestro poder.	810

Fin de la segunda jornada

Jornada tercera

(Salen al son de chirimías el Anticristo, vestido majestuosamente de rey; Eliazar saca unas llaves doradas en una fuente y preséntaselas, de rodillas, al Anticristo; acompañamiento de judíos, Elías falso y Balan.)

Eliazar	Estas, gran monarca, son
	las llaves de la ciudad,
	que os da, de la libertad
	que os debe, la posesión.
	Alegre ya en vuestro imperio, 5
	celebra Jerusalén
	el principio de su bien
	y el fin de su cautiverio.
	Libia, Etiopía y Egito,
	de vuestro poder vencidas, 10
	han pagado con las vidas
	de su protervia el delito;
	y así, más manso y piadoso,
	Jerusalén os merece,
	pues voluntaria os ofrece 15
	lo que pedís riguroso.
Anticristo	Más son vuestras mis victorias,
	¡oh palestinos!, que mías,
	pues en mí viene el Mesías
	a restaurar vuestras glorias. 20
	De presidente, el oficio
	en Jerusalén te doy.
Eliazar	Los pies te beso.
Anticristo	Desde hoy
	da principio al edificio

71

	del templo, con prevención	25
	de que en grandeza, hermosura,	
	riqueza y arquitectura	
	exceda al de Salomón.	

Eliazar   A servirte me consagro,
          tanto, que el templo ha de ser   30
          milagro de tu poder,
          siendo tu poder milagro.

(Vase.)

Anticristo   Tú, capitán, parte al monte
(Aparte a Elías falso.) Hermón y Tabor, y en él
          hallarás a la cruel   35
          Sofía, que a su horizonte
          da luz, habitando oculta
          sus cuevas con mil cristianos
          tiemble al rigor de tus manos
          la aspereza más inculta.   40
          Prende, martiriza y mata
          los rebeldes en mi injuria;
          solo reserve tu furia
          aquella enemiga ingrata,
          cuyos divinos despojos   45
          me dan tormentos injustos;
          y de regalos y gustos
          venga obligada a mis ojos.

Elías falso   Parto a servirte.

Anticristo   En los llanos
          hallarás de Magedón,   50
          para la persecución

	y muerte de los cristianos,	
	los ejércitos valientes	
	de Gog y Magog sujetos	
	a ejecutar mis precetos	55
	con innumerables gentes;	
	si perdonas una vida,	
	mi rigor has de probar.	
Elías falso	De sangre ha de ser un mar	
	la gruta más escondida.	60
(Vase.)		
Anticristo (Aparte.)	(Va que el mar, la tierra y viento	
	me obedecen, y a los reyes	
	del universo mis leyes	
	son preciso mandamiento,	
	vuele mi soberbia al cielo,	65
	usurpar su gloria intente,	
	y por Dios omnipotente	
	en templos me adore el suelo.	
	El dios Mamin ha de ser	
	mi nombre, cuya grandeza	70
	significa fortaleza,	
	majestad, gloria y poder.	
	Mi estatua el sagrado asiento	
	ocupará en el altar	
	que un tiempo se vio ocupar	75
	del Arca del Testamento.	
	Mas, ¡ay de mí! ¡Cuánto es vana	
	mi soberbia majestad,	
	pues vence a mi potestad	
	el valor de una cristiana!	80
	Pues, ministros del infierno,	

                hoy me la habéis de entregar,
                o tengo de confesar
                a Jesús por Dios eterno.
                O cumplidme este deseo,   85
                o con feroz precipicio
                arruinaré el edificio
                que en mí ha fundado el Leteo.
                Quiero divertir en tanto
                con mis concubinas bellas   90
                mis pesares; quizá en ellas
                tendrán engañoso encanto
                las ardientes ansias mías.
                Balan...)

Balan   Señor...

Anticristo   Mis mujeres
                llama.

Balan   Con tales placeres   95
                gentil plaza es ser Mesías.

(Vase.)

Anticristo (Aparte.)   (¿Posible es, cuando me veo
                señor de toda la tierra,
                que me den tan mortal guerra
                una mujer y un deseo?)   100

(Salen Líbica, Etiopisa y Egitana, muy galanas cada una en su traje, y Balan, ojeándolas.)

Balan   ¡Ox!

Anticristo   ¿Qué es esto?

Balan   Penetrallo
                      pudieras, pues adivinas;
                      pues ojeo estas gallinas
                      al lugar donde está el gallo.
                      Goza las glorias de Egito,   105
                      las de Libia y Etiopia,
                      si no es que la misma copia
                      te empobrece el apetito,
                      aunque yo, a decir verdad,
                      de los humanos placeres   110
                      en nada más que en mujeres
                      apetezco variedad.

Anticristo   Sentaos, hacedme regalos,
                      decidme amores.

(Siéntanse, y el Anticristo se recuesta en sus faldas.)

Balan (Aparte.)   (¡Qué vicio!
                      A las damas da el oficio   115
                      de los galanes. ¡Qué palos!
                      A un mancebo muy lascivo
                      otro dio en aconsejar
                      que se casase, por dar
                      remedio a un ardor tan vivo;   120
                      que casándose se impiden
                      las furias que el amor cría;
                      y él respondió: «Yo lo haría;
                      mas, amigo, no me piden.»)

Anticristo
(A la Egitana.)   ¡Qué bellas manos!

Egitana	Si en ellas	125

solas pusieras tu amor,
las hiciera ese favor
tan dichosas como bellas.

Balan   ¿Celos? Advertiros quiero,
pues tan cercado se ve   130
de damas, que nunca fue,
comedor el cocinero:
y a quien abunda de amores
lo mismo ha de suceder:
que sin llegar a comer,   135
se sustenta de favores.

Anticristo   Líbica hermosa, ¿por qué
no me regalan tus manos?

Líbica   Tus méritos soberanos
hacen cobarde mi fe.   140

Anticristo   Amor, olvida el respeto
atrévete; que aunque soy
Dios omnipotente, estoy
en humanado sujeto.
Cuando de carne vestí   145
mi impasible majestad,
trasladó la humanidad
sus condiciones en mí;
y así goce tu belleza
el favor que te asegura   150
pues me abato a tu hermosura,
levántate a mi grandeza.

Balan (Aparte.)	(¿Dios omnipotente dijo? O blasfema o desvaría; que hasta ahora no decía sino que era de Dios hijo, Él se debe de entender. Balan, no más argumentos; que entiende los pensamientos y conocéis su poder.)	155 160
Anticristo	¿Por qué, etiopisa gentil, callas tanto?	
Etiopisa	Está corrido, o puesto, y oscurecido el ébano entre el marfil.	
Anticristo	También el amor emplea sus glorias en tu color.	165
Balan	También apetece amor engendros de taracea.	
Anticristo (Aparte.)	(¡Oh, cuán en vano Sofía engañó mi pensamiento! Cuanto divertirme intento, crece más la plena mía.) Balan, los músicos llama	170
Balan	Eso sí; no haya sentido ocioso..., aunque haber pedido músicos tu gusto infama, cuando entre damas te miro; pues da en sus bocas hermosas consonancias más gustosas	175

                una palabra, un suspiro,   180
                que conformes y acordados,
                aunque suspendan los vientos
                los más suaves acentos
                de cien músicos barbados.

(Vase.)

Egitana   ¿Qué melancólicas penas   185
                afligen tu corazón?

Anticristo   Misterios divinos son.

(Salen Balan y músicos.)

Balan   Tus barbudas filomenas
                están aquí.

Anticristo   Celebrad
                mi majestad y grandeza.   190

Egitana   Dar alivio a tu tristeza
                queremos todas: cantad
                al Mesías alabanzas,
                y seguirán de las tres
                vuestros acentos los pies   195
                en consonantes mudanzas.

Anticristo   Mi nombre es el dios Maocín;
                su gloria habéis de cantar.

Balan   Yo ayudaré, por no estar
                de mirón en el festín.   200

(Bailan las tres mujeres y Balan.)

Música   Todo el suelo es paraíso,
            el tiempo todo es abril,
            el aire todo es aromas,
            toda la suerte feliz.
            La naturaleza humana   205
            se atreve ya a presumir
            de inmortal y de divina,
            pues que mira unido a sí
            al dios Maocín.
            Ya los hijos de Judá,   210
            de Rubén y Benjamín,
            libertad eterna gozan
            en su nativo país.
            Del cielo cesó la ira,
            y el cautiverio dio fin,   215
            dando efecto a las promesas
            del rey profeta David
            el dios Maocín.

Anticristo   Bueno está.

Balan   Pues si está bueno,
            no te muestres tan feroz,   220
            porque de Dios una voz
            es para la tierra un trueno

Anticristo (Aparte.)   (¿Nada me remedia? ¡Nada
            templa mis ardientes males!
            Pues, ministros infernales,   225
            vuestra fuerza es limitada,
            pues no se extiende a vencer
            la frágil naturaleza

de una femenil flaqueza,
vuestro engañoso poder 230
renunciaré; yo confieso...)

(Aquí sale Sofía muy adornada, que es el Demonio en su figura.)

Mas ¿qué miro? ¿No es Sofía
Adorada gloria mía,
humilde la tierra beso,
que en cielo vuelven tus plantas 235
¡Oh espíritus invisibles,
pues que vencéis imposibles
a vuestras deidades santas,
doy holocaustos, y adoro
vuestro poder por inmenso 240
y en humo líquido incienso
os daré en altares de oro!

Demonio (Aparte.) (Con ese fin he tomado
fantástica semejanza
de Sofía, tu esperanza 245
lograrás, aunque engañado,
para que las fuerzas mías
acredite en ti el engaño,
pues así reparo el daño
que despechado emprendías.) 250
Gran monarca soberano
de cuanto visita el Sol
desde el oriente español
hasta el antípoda indiano,
vencido me han tus hazañas, 255
pues si das de tu verdad,
dudas con la novedad,
con el poder desengañas,

	tuya soy, perdón te pido,	
	y debe ser perdonado	260
	el que, si ofendió engañado,	
	satisface arrepentido.	
Anticristo	Basta, señora, no más;	
	no disculpes tu rigor;	
	pues cuanto ha sido mayor,	265
	tanta más gloria me das.	
Egitana (Aparte.)	(¿Hay tal rabia?)	
Líbica (Aparte.)	(¿Hay tales celos?)	
Etiopisa (Aparte.)	(¿Hay tal furia?)	
Anticristo	¿A qué aguardáis?	
	Dejadnos solos.	
Elías (Saliendo.)	No os vais	
	que no permiten los cielos	270
	que ni un mentiroso daño	
	sufra en su opinión Sofía,	
	dado que tan presto había	
	de llegar el desengaño.	
	Vestigio vil del infierno,	275
	ese simulado bulto	
	es el mismo a quien das culto,	
	espíritu del averno.	
	De tu amenaza oprimido,	
	de tu reducción medroso,	280
	cuerpo te rinde engañoso,	
	rostro te ofrece mentido,	
	porque habiendo satisfecho	

                    en él tu ardiente afición,
                    su nefanda obstinación   285
                    prosiga tu injusto pecho
                    que en áspera soledad,
                    entre el Hermón y el Tabor
                    huye Sofía tu amor,
                    no su muerte o tu crueldad.   290

Demonio   Mientes, profeta engañoso.

Anticristo   ¿Y qué importa que no mienta?
                    Con lo que impedir intenta
                    mi pensamiento amoroso
                    aumenta más mi apetito,   295
                    que si lo que dice creo,
                    tanto es mayor mi deseo
                    cuanto es más grave el delito,
                    y tú, porque no pretendas
                    más a mi gusto oponerte,   300
                    hoy quiero hacer que en tu muerte
                    mi poder inmenso entiendas.
                    ¡Ah, de mi guarda! Prended
                    este profeta fingido;
                    y en cárcel dura oprimido   305
                    con cuidado le poned,
                    de donde afrentosamente
                    salga a morir.

Elías   El decreto
                    con que a morir me sujeto
                    es de Dios omnipotente,   310
                    que del martirio el laurel
                    me destina por tu mano,
                    y ya tu pueblo tirano

        ha puesto en prisión cruel
a Enoc, porque a nuestras almas 315
les des tú, que nos condenas,
si en la vida iguales perlas,
en la muerte iguales palmas.
Mas advierte bien, precito,
que dentro de veinte días 320
en las regiones impías
pagarás tanto delito.

Anticristo   Llevadle ya, si tan fuerte
(Llévanle judíos.) es ese Dios que acreditas,
¿por qué en su virtud no evitas 325
ya mi imperio y ya tu muerte?
¿Qué importan tus prevenciones?
¡Oh, qué confianzas cobras
cuando desmienten tus obras
lo que mienten tus razones! 330
Nada temo; yo soy Dios,
y mi poder me asegura.
Tú, mi adorada hermosura,
ven, y daremos los dos
envidias al mismo amor. 335

Demonio   ¿Dudas ya que soy Sofía?

Anticristo   No puede ser mi alegría,
si eres Sofía, mayor;
y si demonio encarnado,
tampoco puedo tener 340
más gloria que cometer
tan detestable pecado.

(Vanse los dos.)

Balan	¿Hay más temerario hecho?
Líbica	¡Qué gran confusión!

(Vase.)

Egitana	¡Qué horror!	

(Vase.)

Etiopisa	¡Temblando está de temor el corazón en el pecho!	345

(Vase.)

Balan	¡Que oyendo que el diablo es tan atrevido le embista, sin remitillo a la vista, de las uñas de los pies! De temor pierdo el sentido. Si es demonio, que ha tomado cuerpo de viento formado, ¿cómo no lo ha conocido con su poder el Mesías, si dice que es dios Maocín? Y si es Sofía, ¿en qué fin hizo esta invención Elías? Extraña es la confusión y el peligro en que me hallo, pues no va en averiguallo menos que la salvación. Iréme al monte Tabor, y si en él hallo a Sofía,	350 355 360

        de la profesión judía   365
        dejaré el perdido error
        con tan claro testimonio,
        y deste lascivo huiré,
        que seguro no estaré
        de quien no lo está un demonio.   370

(Vase. Tocan cajas a batalla. Sofía, con espada desnuda y saco.)

Sofía   ¡Ea, cristianos valientes,
        mostrad esfuerzo y valor,
        pues el cielo os da favor
        contra estas perdidas gentes!
        Los campos de Magedón   375
        cubren sin número armados
        de Gog y Magog soldados;
        no temáis, que pocos son
        a la espada de dos filos
        que profetizó San Juan;   380
        que la orilla del Jordán
        dará sagrados asilos
        contra la tirana furia
        al pueblo de Dios amado.
        Hoy de su intento obstinado   385
        tendrá castigo la injuria;
        hoy les dará monumento
        de ese río las riberas,
        pasto serán de las fieras
        y de las aves sustento.   390

(Salen un Soldado Cristiano, acuchillando a Elías falso, y al lado del cristiano un ángel con túnica blanca manchada de sangre y una espada desnuda y levantada en alto.)

Cristiano	No huyas, falso profeta.
Elías falso	No huyo, viles cristianos,

de vuestras cobardes manos;
divina virtud secreta
de esa virtud celestial, 395
que en vuestro favor asiste
y blanca túnica viste
esparcida de coral,
con espada refulgente
destruye las fuerzas mías. 400
¿Dónde está, santo Mesías,
tu poder omnipotente?
Si has de ayudarme, ¿qué esperas?

Anticristo   Aquí estoy; pierde el temor,
(Saliendo por tramoya.)   que para darte favor
                          405
vengo penetrando esferas
de Jerusalén aquí.

Sofía   Abominable Anticristo,
hoy el laurel que conquisto
tengo de alcanzar de ti.   410

Anticristo (Aparte.)   (¡Ah, Sofía! ¡Ah, injusto infierno!
¡Que de sujeto fingido
gocé al fin, y fue vencido
de una mujer el averno!)

Elías falso   ¡No hay humana resistencia! 415
¡Vencido soy!

(Vase, y el Cristiano, y pónese el ángel al lado de Sofía.)

Sofía	Enemigo, prueba tus fuerzas conmigo.
Anticristo	¿Qué divina inteligencia te acompaña, fiera ingrata, que librando rayo ardiente 420 en la espada, solamente con la amenaza me mata?
Sofía	Aquí de mi religión conocerás la verdad.

(Cae el Anticristo y Sofía pone el pie en la cabeza.)

Anticristo	¿Qué mágica potestad 425 tienes, horrible visión, que así de temor helada muere en mí la sangre mía?
Sofía	Mira aquí la profecía de San Juan ejecutada, 430 para pena y confusión de tus intentos tiranos.
Voces (Dentro.)	¡Victoria por los cristianos!
Sofía	De tu loca obstinación conoce el yerro, infeliz, 435 vencido de una mujer, que te ha podido poner el pie sobre la cerviz.
Anticristo	¡Ah, infierno! ¿Injuria tan fuerte

	sufrís?	
Sofía	No tiene el infierno	440
	fuerzas contra Dios eterno.	
Anticristo	Dame, cristiana, la muerte,	
	para más afrenta suya.	

(Balan saca un sombrero y un bonete, y cuando dice que se vuelve judío se pone el bonete, y cuando cristiano, el sombrero.)

Balan (Aparte.)	(¿Qué es lo que miro? Ni vos	
	sois Mesías, ni sois Dios.	445
	Cristiano soy.)	
Sofía	Que no huya	
	la palma que me ha de dar	
	el martirio de tu mano,	
	no es bien; levanta, inhumano,	
	que yo no te he de matar,	450
	sino el aliento sagrado	
	del Señor, siendo el castigo	
	de tus blasfemias testigo	
	el pueblo que has engañado.	
Anticristo	Hechizos cristianos son	455
	los que turbarme han podido,	
	pero ya que de mí ha huido	
	esa encantada visión,	
	conocerás la verdad	
	de mi infinito poder.	460
Sofía	Quien te ha podido vencer	
	me rinde a tu potestad	

	para mi mayor victoria.	
Anticristo	A Jerusalén irás	
	conmigo, y allí darás	465
	fin a tu vida o mi gloria.	

(Cógela el Anticristo por tramoya, y vuelan ambos.)

Balan	¡Ay, que la lleva! Del viento	
	es lisonja, si no azote,	
	el Géminis pajarote,	
	signo ya del firmamento.	470
	Venciola al fin; desvarío	
	será dejar de creer	
	en quien tiene tal poder,	
	pues vuélvome a ser judío.	
(Pónese el bonete.)	Por entrambas partes veo	475
	milagros, y siendo así	
	en la ley en que nací,	
	con más disculpa me empleo.	

(Sale un Soldado Cristiano a lo gracioso, con la espada desnuda.)

| Cristiano | ¡Ah, judío! ¿Aquí estáis vos? |

Balan	Si en estar aquí te ofendo,	480
	no estoy aquí ni pretendo	
	estarlo; tente, por Dios,	
	que si tu valiente mano	
	muestra tan airado brío	
	contra mí, por ser judío,	485
	veisme aquí vuelto cristiano.	

(Pónese el sombrero.)

Cristiano	No está el serlo en el vestido.	
Balan	Yo vine de la ciudad
solo a saber la verdad
para quedar reducido,
admite este buen deseo.	490
Cristiano	Pues ya no lo dejarás
por eso, que viendo estás
el victorioso trofeo
que dio a tan pocos cristianos
el cielo contra el rey Gog,
que de gentes de Magog
cubrió estos montes y llanos,
de más que la inmensidad
de santos cristianos, puede
hacer que probado quede
tu engaño y nuestra verdad. | 495

500 |
| Balan | También hay santos judíos. | |
| Cristiano | Son muy pocos. | |
| Balan | Pues hagamos
una apuesta: refiramos
tú los tuyos, yo los míos,
y por cada santo quite
uno un pelo a otro, y con esto
se convenza el que más presto
quede pelado. | 505 |
| Cristiano | Ya admite
la apuesta mi confianza, | 510 |

que según los santos son
sin cuenta en mi religión,
de vencer tengo esperanza.

(A cada santo que nombra cada uno arranca un pelo de la cabeza del otro.)

Balan	Vaya, Moisén.	
Cristiano	San Gonzalo.	515
Balan	Quedo: que quitasteis dos, según me ha dolido, Amós.	
Cristiano	Los doce apóstoles.	
Balan	¡Malo! ¿Doce? Josué.	
Cristiano	San Gil.	
Balan	Jacob y sus hijos son trece.	520
Cristiano	San Millán.	
Balan	Aarón. Y Josef.	
Cristiano	Las once mil vírgenes.	

(Aquí le arranca a Balan una cabellera que ha de traer, y queda un casco de calabaza, como pelado.)

Balan	¡Triste de mí, que de una vez me has pelado! Vencido y calvo he quedado.	525
Cristiano	Conviértete, pues vencí.	
Balan	¿Puede ser calvo un cristiano?	
Cristiano	Sí.	
Balan	Pues quien a serlo empieza, ¿no recibe en la cabeza el bautismo?	
Cristiano	Caso es llano.	530
Balan	¿Luego en un calvo no hay traza de bautizarle?	
Cristiano	¿Por qué?	
Balan	Porque lo que en él se ve no es cabeza, es calabaza.	
Cristiano	¿Dilatas tu muerte así? Cumple lo que has prometido, o te mato.	535
Balan	Fui vencido; haré lo que prometí.	
Cristiano	Ven, y el agua del Bautista, del Jordán recibirás.	540

| Balan | De una vez hecho me has
ser cristiano y calvinista. |

(Vanse. Salen Elías falso y Eliazar.)

| Elías falso | El caso fue más tremendo
que refiere nuestra historia.
¡Perder tan cierta victoria! 545 |

| Eliazar | ¿Y cómo escapaste? |

| Elías falso | Huyendo.
Nuestro mesías y yo
escapamos solamente
de tan infinita gente
como el cristiano mató. 550 |

| Eliazar | No son indicios, Elías
probanzas son infalibles
las que muestran imposibles
los intentos del Mesías.
No puedes negar que están 555
a la letra ejecutadas
las cosas profetizadas
por aquel cristiano Juan
en su Apocalipsis, y sabes
que desde los mismos días 560
que el que llamáis falso Elías,
con maldiciones tan graves
amenazó a los judíos,
la tierra negó el tributo
y espinas rindió por fruto, 565
sangre por agua los ríos. |

                    Vi que porque el mandamiento
                    del rey, muerto Enoc y Elías,
                    habiendo estado tres días
                    para público escarmiento   570
                    sus cadáveres helados
                    en la plaza, resurgieron,
                    y gloriosos ascendieron
                    a los asientos sagrados.
                    Veo que la mano fuerte   575
                    del rey, que ser Dios blasona,
                    libró apenas su persona
                    del breve campo cristiano.
                    Pues siendo así, ¿no es locura
                    pensar que tiene poder   580
                    de Dios, y pudo vencer
                    su Creador la criatura?

Elías falso   Cierra los labios, blasfemo.

(Salen el Anticristo y judíos.)

Anticristo   ¿Cómo, Eliazar? ¿Tú me afrentas
                    y, apóstata ciego, intentas   585
                    negar mi poder supremo?

Eliazar   Pues ¿cómo cuatro cristianos,
                    si tanto poder alcanzas,
                    vencen nuestras esperanzas
                    y hacen tus intentos vanos?   590
                    Si eterna tranquilidad
                    a los tuyos prometiste
                    y del cielo descendiste
                    (si es lo que dices verdad)
                    a hacer dichoso a Israel,   595

o mentiste o no has cumplido
lo que nos has prometido,
pues permitiste, cruel,
que en tantas gentes, los dos
solos hayáis escapado; 600
luego nos has engañado,
y si engañas no eres Dios.

Anticristo ¿Penetras tú los secretos
jüicios que me han movido
a que no hayan conseguido 605
mis promesas sus efetos?
¿Es nuevo en Dios prometer,
según las cosas presentes,
y por nuevos accidentes
los efectos suspender? 610
Cuando de aquella penosa
prisión de Egipto, sacó
su pueblo, ¿no prometió
darle la tierra dichosa,
y después, por incurrir 615
en necia desconfianza,
la promesa y la esperanza
se resolvió a no cumplir?
Pues, ¿qué sabes tú si aquí,
cuanto pueblo fue vencido, 620
fue por haber incurrido
en delitos contra mí?

Eliazar Pública fue allí la ofensa
que esa pena mereció,
y aquí tu pueblo murió 625
peleando en tu defensa.

Anticristo	Calla, no me arguyas más.	
	Llevadle y dadle la muerte	
	apóstata, de esta suerte	
	mi poder conocerás.	630
Eliazar	En mi sangre bautizad,	
	a Jesús confesaré,	
	y dichoso moriré,	
	ya que viví desdichado.	

(Llévanle.)

Anticristo	Parte a ejecutar, Elías,	635
	en él y en cuantos cristianos	
	me ofenden, los más tiranos	
	tormentos, las más impías	
	penas que inventó el romano,	
	el escita y el macedón;	640
	a Falaris, a Nerón,	
	a Decio y a Diocleciano.	
	pide cuantos instrumentos	
	fabrican dolor tan fuerte	
	que aún más allá de la muerte	645
	puedan pasar, los tormentos.	
Elías falso	Voy a vengar tus enojos.	

(Vase.)

Anticristo	Si es que mis pesares sientes,	
	de suplicios diferentes	
	forma un jardín a mis ojos.	650

(Sale Sofía con una corona en la cabeza, como loca.)

Sofía	¡Qué buena cosa es reinar! ¡Hola!, postraos, ¿no me veis coronada? ¿Pues qué hacéis que no llegáis a besar a vuestra reina la mano?	655
Anticristo (Aparte.)	(Sin duda ha perdido el seso.) ¿Eres reina?	
Sofía	¡Bueno es eso! La esposa vuestra ¿no es llano que es reina?	
Anticristo	Si a ti te agrada, seré tu esposo.	
Sofía	Pues ¿quién no querrá en Jerusalén ser del mundo respetada? Dame la mano.	660
Anticristo	Y la vida.	
Sofía (Arroja la corona.)	¡Ah falso! ¡Ah vil Anticristo! Si eres Dios, ¿Cómo no has visto que es mi locura fingida? Si los pensamientos ves, ¿cómo te he engañado en esto, pues tu corona me he puesto para arrojarla a mis pies? No han sido, no, dudas mías las que en esto he averiguado, porque yo nunca he dudado	665

670 |

	tus falsas hipocresías;	
	mostrarles quise a tus gentes	675
	que eres ceraste infernal,	
	diabólico Belial,	
	y que en cuanto dices mientes.	
Judío I	¡Que esto sufra!	
Judío II	Muchos son	
	los desengaños que veo.	680
Judío III (Aparte.)	(Todo el reino galileo	
	duda ya de su opinión.)	
Anticristo (Aparte.)	(Corrido estoy, ¿qué he de hacer?,	
	que a gozarla con violencia	
	no se atreve mi impaciencia	685
	con tenerla en mi poder,	
	temiendo que en su favor	
	obre otro milagro el cielo	
	con que me quite en el suelo	
	el crédito y el honor.)	690
	Por lo que adoro tus prendas,	
	sufro, mi bien, tus agravios,	
	y a trueco de ver tus labios	
	no me ofende que me ofendas.	
	Mas si has llegado a creer	695
	que me engañaste, es error,	
	lisonja fue, sí, mi amor;	
	no falta de mi poder.	
	Como Dios, vi que intentabas	
	engañarme, y que tendrías	700
	gran contento si creías,	
	mi gloria, que me engañabas.	

	Y así lo fingí por darte	
	ese gusto, aunque engañado,	
	y ahora que lo has gozado	705
	he vuelto a desengañarte.	
Sofía	¡Qué falsa sofistería!	
Anticristo	Deberás a mi afición	
	el arriesgar mi opinión	
	por no arriesgar tu alegría.	710
Sofía	¿Por qué me obligas en vano,	
	cuando es el mortal suplicio	
	el único beneficio	
	que espero yo de tu mano?	
	Si obligarme es tu intención,	715
	dame ya el martirio, advierte	
	que se apresura tu muerte	
	y perderás la ocasión.	
Judío IV (Saliendo.)	Ya Eliazar perdió la vida	
	invocando a Jesucristo.	720
Anticristo	Y ya en el infierno ha visto	
	su ignorancia desmentida.	
Sofía	¡Oh, mil veces venturoso,	
	tú que a gloria celestial	
	trocaste vida mortal!	725
Anticristo	¿Quieres ver qué tan dichoso?	
	Traed aquí la cabeza	
	de ese caduco liviano.	

(Vanse el Judío IV y otros.)

Sofía
  Remedios pruebas en vano
  en cristiana fortaleza.   730
  Si derribas las estrellas;
  si haces que cuantos montes
  ven terrestres horizontes
  truequen asientos en ellas;
  si al Sol das oscuro velo;   735
  si del empíreo al profundo
  la ley alteras del mundo;
  si aniquilas tierra y cielo,
  siempre me verás más fuerte,
  más invencible y constante,   740
  que no hay portento que espante
  a quien no espanta la muerte.

Anticristo
  Sin tantos prodigios, presto
  has de verte arrepentida.

(Sacan judíos a Balan con astillas entre los dedos.)

Balan
  ¿Qué importa perder la vida,   745
  perros judíos?

Anticristo
      ¿Qué es esto?
  Balan, ¿así prevaricas?

La Cabeza
  En el cristiano delito
  incurrió, contra el edito
  de las leyes que publicas   750
  y ya cercano el instante
  de su muerte, dio en decir
  que importaba descubrir

| | cierto secreto importante
a tu persona, y así   755
le he traído a tu presencia.

Balan   Tú, sin duda, mi sentencia
pronunciaste, porque en mí
se venga a verificar
lo que los niños decían   760
y por conseja tenían:
que habías de atormentar,
dividiendo de este modo
las uñas sutiles puntas.
Mas si los tormentos juntas   765
que ha inventado el mundo todo,
bien lo fundó el que afirmaba
que éste no perdonarías;
y presumo que sabías
el contento que me daba   770
el rascarme, y has querido
darme en el mismo instrumento
de mi contento el tormento.
Y ahora se ve cumplido
lo que un discreto decía,   775
y era que estaba admirado
de que no fuese pecado
cosa que tanto sabía.

Anticristo   Acaba, llégate y di
el secreto entre los dos.   780

Balan   Pues ¿cómo si tú eres Dios
hay secreto para ti?
Mamola, este es el secreto
que descubrir he intentado

| | | a tanto pueblo engañado. | 785 |

Anticristo (Aparte.)   (¿Ya me pierden el respeto
hasta los rudos villanos?)
Muera ese vil.

Balan   Mis deseos
cumples así.

Anticristo   Deteneos,
que de sus yerros cristianos,   790
antes que llegue a la muerte,
le quiero desengañar.

(Aparece la cabeza de Eliazar sobre un bufete, y debajo de él ha de hablar Eliazar.)

La Cabeza   La cabeza de Eliazar
es ésta.

Anticristo   ¡Oh tú, cuya suerte
es ya de engaños ajena,   795
y aunque en ciega oscuridad,
sin velos ves la verdad
bien comprobada en tu pena!
Rompe las horribles bocas
del infierno en virtud mía   800
e inspira en tu lengua fría
los desengaños que tocas.

Sofía   ¿Qué importará que en virtud
del pacto por ti asentado
con el príncipe dañado   805
de la infernal multitud,

	preste voz a esta cabeza	
	algún espíritu impuro	
	forzado de tu conjuro	
	para que mi fortaleza	810
	venzas?	

Anticristo   Si en tu Dios confías
            muestre su poder en ti,
            y haz que esta cabeza aquí
            niegue que soy el Mesías.

Sofía   Yo no he menester señales   815
            ni a mi Dios quiero tentar:
            Dios es Dios, y puede obrar
            lo que importa en casos tales.

Anticristo   ¿Ves cómo tu falsedad
            tu recelo testifica?   820
            Habla ya, Eliazar, publica
            el engaño o la verdad.

La Cabeza (Hablando.)   Jesucristo es Dios eterno,
            Hijo de Santa María.

Anticristo (Aparte.)   (Esto merece quien fía   825
            en promesas del infierno.
            ¿Al mejor tiempo me falla
            tu favor?)

Balan   Rabia, Anticristo,
            que tus engaños se han visto.

Sofía   ¡Gracias por merced tan alta   830
            os doy, mi Dios!

Judío I	¡Qué consientas que te venza una mujer!
Judío II	Mucho dudo tu poder, pues sufres tales afrentas.
Anticristo	Perros, ¿vosotros también blasfemáis las glorias mías?

835

Judío III	Si eres rey, Dios y Mesías, remedia en Jerusalén plaga tan universal: que la tierra niega el fruto, las fuentes dan por tributo púrpura en vez de cristal.

840

Anticristo (Aparte.)	(Mucho mengua mi opinión.)
Judío IV (Saliendo.)	Si eres Dios, ¿cómo has sufrido de dos cristianos vencidos la ruina y la perdición de tus gentes? En la guerra de Gog tres hijos perdí; la vida les vuelve aquí, o diré a voces que yerra quien piensa que no le engañas.

845

850

Mujer Judía (Saliendo.)	No eres Dios; tu lengua miente, pues permites que a tu gente le penetre las entrañas la lepra. Dame salud, o adoro el nombre cristiano.

855

Anticristo	Dejadme, pueblo liviano.	
	¡Qué presto vuestra virtud,	
	que probar he pretendido	
	con estos golpes, mostró	860
	en el oro que ostentó	
	el plomo vil escondido!	
Elías falso (Saliendo.)	Señor, ¿qué haces, qué esperas,	
	que a yerros tan excesivos	
	de tus rayos vengativos	865
	no pueblas ya las esferas?	
	Ejecutando tu imperio	
	con tormentos inhumanos	
	en los rebeldes cristianos	
	llenaron el hemisferio	870
	que los cerca sus espantos	
	de música y resplandor;	
	y con esto, el ciego error	
	del pueblo, los llama santos	
	a voces, y sin que tema	875
	el castigo de tu ira,	
	todo a ser cristiano aspira,	
	todo tu deidad blasfema,	
	negando que eres Mesías,	
	convencidos de que vieron	880
	que a los cielos ascendieron	
	gloriosos Enoc y Elías.	
Anticristo (Aparte.)	(Ya se declara mi daño,	
	ya acabó mi monarquía,	
	mas no acabará en un día	885
	con el imperio el engaño.	
	Fingir quiero que, ofendido	
	de la tierra, subo al cielo,	

| | y en otra región del suelo
| | viviré desconocido.)   890
| | Ya de los hombres, Elías,
| | llegó la pena postrera.

Todos (Dentro.)   ¡Muera el Anticristo, muera!
                  ¡Muera el fingido Mesías!

Anticristo   Pueblo protervo y maldito,   895
                  ¿puede morir mi deidad?
                  Declárase mi crueldad,
                  pues se declara el delito.
                  Adúltera y depravada
                  generación, pues el suelo   900
                  no me merece, del cielo
                  parto a la eterna morada,
                  de donde mi ardiente furia
                  hará que el rebelde y ciego
                  mundo, a diluvios de fuego   905
                  pague en cenizas mi injuria.
                  Tú, profeta precursor,
                  con mi poder en la tierra,
                  prosigue mi justa guerra
                  en defensa de mi honor,   910
                  y afecte aquí a mi partida
                  sacrificios soberanos,
                  quitando a estos dos cristianos
                  la infame crédula vida.

Elías falso   En tu presencia muriendo   915
                  pagarán su loco error.

Sofía   En vuestras manos, Señor,
                  el espíritu encomiendo

	con fortaleza recibe la muerte, Balan.	
Balan	La puerta de los cielos miro abierta, no muere quien a Dios vive.	920

(Mata Elías falso a Sofía y a Balan. El Anticristo sube por tramoya, y en lo alto aparece un Ángel con espada desnuda, y dale un golpe, y cae el Anticristo. Ábrese el escotillón del teatro, y por él entran el Anticristo y Elías falso, y salen llamas.)

Ángel	Bárbaro, ¿quién como Dios?	

(Dale el golpe.)

Judío I	¡Ay de mí! De las olivas el monte se abrió, y en vivas llamas sepultó a los dos.	925
Todos	Dios eterno es Jesucristo.	
Judío I	Todo el mundo adorará su nombre. Y ésta será la historia del Anticristo, según la interpretación que a los profetas han dado los doctores; al senado pide el poeta perdón, pues en materias tan altas, y que están por suceder, ni en él es mucho caer ni en vos perdonar sus faltas.	930 935

Fin de la comedia

Libros a la carta

A la carta es un servicio especializado para
empresas,
librerías,
bibliotecas,
editoriales
y centros de enseñanza;
y permite confeccionar libros que, por su formato y concepción, sirven a los propósitos más específicos de estas instituciones.
Las empresas nos encargan ediciones personalizadas para marketing editorial o para regalos institucionales. Y los interesados solicitan, a título personal, ediciones antiguas, o no disponibles en el mercado; y las acompañan con notas y comentarios críticos.
Las ediciones tienen como apoyo un libro de estilo con todo tipo de referencias sobre los criterios de tratamiento tipográfico aplicados a nuestros libros que puede ser consultado en Linkgua-ediciones.com.
Linkgua edita por encargo diferentes versiones de una misma obra con distintos tratamientos ortotipográficos (actualizaciones de carácter divulgativo de un clásico, o versiones estrictamente fieles a la edición original de referencia).
Este servicio de ediciones a la carta le permitirá, si usted se dedica a la enseñanza, tener una forma de hacer pública su interpretación de un texto y, sobre una versión digitalizada «base», usted podrá introducir interpretaciones del texto fuente. Es un tópico que los profesores denuncien en clase los desmanes de una edición, o vayan comentando errores de interpretación de un texto y esta es una solución útil a esa necesidad del mundo académico.
Asimismo publicamos de manera sistemática, en un mismo catálogo, tesis doctorales y actas de congresos académicos, que son distribuidas a través de nuestra Web.
El servicio de «libros a la carta» funciona de dos formas.
1. Tenemos un fondo de libros digitalizados que usted puede personalizar en tiradas de al menos cinco ejemplares. Estas personalizaciones pueden ser de todo tipo: añadir notas de clase para uso de un grupo de estu-

diantes, introducir logos corporativos para uso con fines de marketing empresarial, etc. etc.
2. Buscamos libros descatalogados de otras editoriales y los reeditamos en tiradas cortas a petición de un cliente.

www.ingramcontent.com/pod-product-compliance
Lightning Source LLC
LaVergne TN
LVHW041301080426
835510LV00009B/832